감정 연기론

The Theory Of Emotional Acting

감정 연기론

배우를 위한 감정의 기술

김민기 지음

좋은땅

어떻게 연기를 할 것인가?

일반적으로 연기자는 대본 분석을 통해 등장인물들의 관계, 상황, 성격 등을 설정한 후에 그 인물들을 어떻게 표현할 것인가에 대해 많은 시간을 할애한다.
각 등장인물들에 대한 조건(나이, 직업, 환경) 등을 기반으로 화술, 움직임, 감정 등을 설정하고 이를 연습을 통해 점점 그 배역에 다가가고자 노력하지만 많은 이들이 실패를 경험한다.

이는 무엇 때문일까?

필자는 그간 배역(역할) 구축에 있어 많은 이들이 감정에 대한 정확한 분석 및 접근 없이 단순히 외적으로 표현되는 화술, 움직임에 치중하게 되는 모습을 보아 왔다.

대사를 암기하고 이를 단순한 희로애락의 감정선에서 순서대로 나열하는 일련의 패턴에서 배역(역할)으로의 접근은 그 한계점이 분명하다는 것을 깨달았다.

그렇다면 해결책은 무엇인가?

"공감(共感) - 남의 감정, 의견, 주장 따위에 대하여 자기도 그렇다고 느낌."

미술, 음악, 무용, 연극, 영화 등 예술의 모든 장르에 있어 창작자는 자신의 작품을 통해 청중 또는 관객과 특별한 공감대를 형성하고자 노력한다.

특히 연기자에게 있어 공유된 감정적 경험, 즉 공감을 통해 관객과 서로 깊은 수준에서 연결되고 이해할 수 있는 도구로 활용된다.

우리는 흔히 인간이 느끼는 감정을 오만가지라고 표현한다.

이 말은 곧 인간은 무수히 많은 감정을 느낀다는 뜻이다.

단 몇 분, 몇 시간의 일상 속에서도 우리는 수많은 감정을 경험한다.

'감정'은 교육을 통해 습득한 것이 아니다.

누군가 슬픔에 대해 '네가 사랑하는 사람이 다치거나 그와 유사한 문제가 발생하였을 경우, 얼굴 근육 가운데 특정 부위를 사용해 마음이 무겁다는 표정을 짓고 더불어 눈물을 흘리는 것이 슬픔이란 감정을 타인에게 표현하는 방법이란다'라고 배운 이는 없을 것이다.

'감정'은 인종과 나이, 성별에 차이가 없으며 심지어 말을 사용하지 못하는 경우를 포함하여 그 누구라도 감정을 통해 상호 소통이 가능하다.

물론, 모든 이에 대한 '감정'의 기준이 동일할 수는 없다.

다만, 일반적이고 보편적인, 사회통념상 상호 인지 가능한 감정을 '보편적 감정'으로 정의하고 이를 살펴보고자 하는 것이다.

'감정'을 정의할 수 있다면, '감정'에 대해 보다 명확히 알고 자유롭게 다룰 수 있다면, 이러한 '감정'으로 정확히 말하고 행동하며 연기할 수 있는 방법도 있지 않을까?

이러한 의문에서 출발한 가설을 지금부터 여러분과 공유하고 그 가능성에 대해 탐구해 보고자 한다.

책의 곳곳에 예시를 들며 일부 수치를 적용한 부분이 있는데 이는 이론적 접근을 위한 가상의 수치로 절대적 기준이 아님을 미리 밝혀 둔다.

만약 상당수가 이 이론에 동의한다면 향후 정설이 되겠으나 현재로서는 미지수이기에 맹신하지 말고 언급된 내용 가운데 이해되고 필요한 부분을 응용하여 자신의 방법론을 구축하는 데 활용해 주시길 당부드린다.

연기를 시작하는 많은 이들이 가장 크게 부딪히는 부분은 바로 감정에 대해 어떻게 접근할 것인가 하는 것이다.

감정은 인간이 생존과 번식에 필수적으로 갖추어야 하는 본능적 요소이다.
교육을 통해서가 아니라 태어나 성장하며 스스로 깨달은 감정이기에 마치 공기를 호흡하듯 너무나 익숙한 나머지 그 가치나 정의에 대해 명확히 알지 못한 채 무의식적으로 도출되는 감정을 단순히 표출하며 지나쳐 왔다.

만약 '당신은 연기에 필요한 몇 가지의 감정을 정확히 알고 있으며 그것들을 자유롭게 활용할 수 있습니까?'라고 묻는다면 어떻게 답변할 것인가?

희로애락
기쁨, 분노, 슬픔, 즐거움

기쁨과 분노, 슬픔은 구분이 명확하나 기쁨과 즐거움은 다소 모호하다.

사전적 의미를 살펴보자.
'기쁘다'는 주로 심리적이고 정신적인 성격을 띠는 것으로 마음속에서 순간적으로 이루어지는 폭발적 감정이며, '즐겁다'는 외적인 경험이나 자극과 관련되면서, 순간적이 아니라 비교적 지속적으로 일어나는 은근한 감정이라고 정의한다.

이해가 쉽다.
이렇듯 사전적 의미를 정확히 아는 것이 감정으로 접근하는 방법의 시작점이다.

"당신은 감정을 나타내는 단어 중 몇 개의 사전적 정의에 대해 알고 있는가?"라는 질문을 해 보고 싶다.

다음은 280개의 감정 단어를 오름차순에 따라 정리한 것이다.

가소로움, 가여움, 가증스러움, 각오, 간사함, 간절함, 갈급함, 갈등, 갈망, 감격, 감동, 감복, 감사, 감응, 감탄, 강박감, 개운함, 거만함, 거부감, 걱정, 격노, 격정, 결심, 겸손, 겸연쩍음, 겸허, 경각심, 경계심, 경멸, 경외심, 경이감, 고뇌, 고독감, 고립감, 고마움, 고민, 곤혹감, 공명심, 공포심, 공허감, 관심, 쾌씸, 괴로움, 괴리감, 교만심, 굴욕감, 궁금함, 권태감, 귀여움, 그리움, 근심, 기겁, 기대감, 기막힘, 기쁨, 긴박감, 긴장감, 낙담, 난감, 노여움, 노파심, 놀라움, 다짐, 담담함, 답답함, 당당함, 당혹감, 당황, 대견함, 도취감, 동경심, 동정심, 두려움, 들뜨다, 딱함, 막막함, 만만함, 만족감, 망설임, 먹먹함, 멸시감, 모멸감, 모욕감, 모험심, 못마땅함, 무관심, 무력감, 무료감, 무안감, 미련, 미심쩍음, 미안함, 미움, 민망함, 박진감, 박탈감, 반가움, 반감, 반발감, 반항심, 배려심, 배신감, 배타심, 번뇌, 번민, 복수심, 부끄러움, 부담감, 부러움, 분노, 불만감, 불신감, 불쌍함, 불안감, 불쾌감, 불행감, 비애, 비장감, 비참, 비통, 뿌듯함, 사랑, 사명감, 상실감, 상쾌, 서글픔, 서러움, 서운감, 설렘, 섭섭함, 성취감, 소망, 소명감, 소외감, 소중함, 속상함, 수모감, 수치심, 슬픔, 시기심, 신뢰감, 신비감, 실망감, 실패감, 심란, 쑥스러움, 쓸쓸함, 씁쓸함, 아쉬움, 악랄함, 안도감, 안심, 안쓰러움, 압박감, 애잔함, 애절함, 애증, 애착, 애처로움, 애타심, 애틋함, 야심, 얄미움, 어색함, 어이없음, 억압감, 억울함, 억지감, 언짢음, 여유감, 연모, 연민, 연정, 열등감, 열망, 염려, 예민함, 외로움, 욕망, 욕심, 용맹심, 우려, 우스움, 우울감, 우월감, 울분, 울적, 원망, 원한, 위안감, 위압감, 위축감, 위협감, 유쾌, 의구심, 의무감, 의심, 의협심, 이기심, 이질감, 이타심, 인내심, 자괴감, 자립심, 자만심, 자부심, 자신감, 자조감, 자존감, 자책감, 재미, 저항심, 적개심, 적대감, 절망감, 절박감, 절실함, 조바심, 존경심, 존중심, 좋음, 좌절감, 죄책감, 중압감, 즐거움, 증오, 진지함, 질식감, 질투심, 집착심, 짜릿함, 짜증, 찜찜함, 찝찝함, 착잡함, 참담, 창피함, 책무감, 책임감, 처량함, 처연함, 청량감, 초조함, 추앙심, 충성심, 측은함, 친밀감, 친숙함, 침울감, 쾌감, 탄복, 탐탁함, 파괴심, 평온감, 포만감, 피로감, 한심, 행복감, 허망감, 허무함, 허영심, 허전함, 허탈감, 혐오감, 호감, 호기심, 혼란감, 확신감, 환희, 황당, 황량감, 황홀감, 회의감, 흐뭇함, 흡족감, 흥미, 흥분감, 흥취감, 희망감, 희열

유사하기도 하고 유사하지만 미세한 차이가 있기도 하고, 들어 본 적은 있고, 처음 보는 단어들도 있을 것이다.

만약 연기자가 이러한 감정을 정확히 이해하고 이를 배역의 상황에 맞도록 스스로 선택하고 조절할 수 있으려면 어떻게 하면 될까?

오랜 시간 그 방법을 찾고자 연구하였고, 그 결과물을 글로 설명할 수 있는 방법을 찾고 정리하며 또 상당한 기간이 지체되었다.

완성된 이론이 아닌 미흡한 가설에 불과할 수 있겠으나, 배우를 꿈꾸며 현재 방황하고 있는 초급 연기자를 위해 조금이나마 도움이 되었으면 하는 바람으로 지금껏 정리된 자료를 공유하고자 이 책을 발간한다.

목차

감정 노트

1장

감정에 대한 고찰

훈련을 시작하기에 앞서 '감정'이란 무엇이고, 연기를 위해 '감정'에 어떻게
접근하며, 활용할 것인가에 대해 먼저 살펴보고자 한다.

'감정'으로의 접근

'감정 연기론'에 대해 설명하기에 앞서 배우지망생이 한번쯤 접해 보는 '메소드 연기'에 대해 간략히 정리하며 이해를 돕고자 한다.

'메소드 연기(Method Acting)'는 현대 연기이론 가운데 가장 영향력 있는 체계 중 하나이다.
이 이론은 배우가 인물의 감정과 경험을 실제로 '살아 내는' 연기 방식을 말한다.

러시아의 콘스탄틴 스타니슬랍스키(Konstantin Stanislavski)의 체계를 바탕으로 미국의 리 스트라스버그(Lee Strasberg)가 발전시킨 이론으로, 배우가 인물의 내면세계에 완전히 몰입하여, 진짜 감정과 체험을 통해 연기하는 방법이다.
즉, "연기하지 말고, 실제로 느껴라(Live truthfully under imaginary circumstances)"라는 철학을 따른다.

○ 메소드 연기 기본 훈련(Method Acting Training)

가. 훈련 목표

"연기하지 말고, 진짜로 느껴라."
감정은 '만드는 것'이 아니라 '떠오르게 하는 것'이다.
이 훈련의 목적은 인물의 감정을 이해하고 체험하는 것이다.

나. 핵심 개념 요약

개념	설명	연습 포인트
정서기억 (Emotional Memory)	과거의 감정 경험을 불러와 인물의 감정에 연결	'그 당시 내가 느꼈던 감정'을 생생히 떠올려 보기
감각기억 (Sense Memory)	냄새, 촉감, 온도, 소리 등 감각을 재현	"눈을 감고 사과 냄새를 맡는다면?" 같은 훈련
상황의 진실성 (Given Circumstances)	인물이 처한 환경과 조건을 구체적으로 상상	대본의 배경·시간·관계·욕망을 세밀히 분석
만약이라면(Magic If)	"내가 저 인물이라면 어떻게 느낄까?"	감정이 아닌 '행동 동기'를 중심으로 몰입
내면행동(Inner Action)	감정이 아닌 '목표'를 행동으로 옮기는 과정	감정 표현보다 '무엇을 얻고 싶은가'에 집중

다. 연습 과정

① 자기 탐색(Self-exploration)

　→ 배우 자신의 감정, 기억, 가치관을 깊이 탐구합니다.

② 정서기억 훈련(Emotional Recall)

　→ 과거의 강렬한 경험(기쁨, 분노, 상실 등)을 재현해 현재의 연기에 적용합니다.

③ 감각 훈련(Sense Training)

　→ 실제 자극이 없어도 냄새·촉감·온도 등을 상상으로 재현하는 훈련입니다.

④ 상황 몰입(Scene Work)

　→ 주어진 극의 상황 속에서 인물의 '진짜 삶'을 살듯이 연습합니다.

⑤ 자연스러운 즉흥(Improvisation)

　→ 감정과 반응을 계산하지 않고 '순간적으로 느끼는 그대로' 행동하도록 연습합니다.

라. 기본 훈련 루틴

① 이완 훈련(Relaxation)

- 목적: 몸과 마음의 불필요한 긴장을 풀어 자연스러운 감정 흐름을 만든다.
- 방법
  - 조용한 공간에서 눈을 감고 호흡에 집중한다.
  - 어깨, 턱, 손, 복부 순으로 긴장을 푼다.
  - "나는 지금 여기에 있다"를 속으로 반복하며 현재에 머문다.
  ※ Point: 긴장은 감정의 적이다. 느끼려면 먼저 '비워야' 한다.

② 감각 훈련(Sense Memory)

- 냄새, 맛, 촉감, 소리, 온도 등 감각을 떠올려 '감정의 문'을 연다.
- 예시 훈련
  - 뜨거운 커피를 손에 쥐었을 때의 온도
  - 비 오는 날 옷에 밴 냄새
  - 모래사장을 맨발로 걸을 때의 감촉
  ※ Tip: 감정은 감각을 통해 되살아난다. "감정은 몸에서 시작된다."

③ 정서기억 훈련(Emotional Recall)

- 자신의 과거 경험에서 특정 감정을 떠올린다.
- 단계
  - 오늘의 감정을 정리한다(지금 내 마음은 어떤가?).
  - 과거의 비슷한 감정을 느꼈던 사건을 떠올린다.
  - 당시의 냄새, 소리, 분위기 등을 구체적으로 복원한다.
  - 감정이 자연스럽게 올라오면 억누르지 않고 '그 상태로 머문다'.
  ※ 주의: 억지로 감정을 만들지 않는다.
  ※ 훈련 후 반드시 감정 정리 시간을 갖는다.

④ 상황 몰입 훈련(Given Circumstances Work)

- 대본 속 인물이 처한 환경을 실제처럼 만들어 본다.
- 예시

- 인물의 방을 상상하거나 실제로 꾸며 보기
- 인물의 하루를 '일기'로 써 보기
- "이 인물은 무엇을 잃었고, 무엇을 원하는가?" 질문하기

※ Point: 감정은 '상황' 속에서 자연스럽게 생긴다.

⑤ 즉흥과 반응(Improvisation & Reaction)

- 대사보다 '상대 배우의 행동'에 반응한다.

- 연습 예시
- 상대가 "싫어"라고 했을 때, 즉시 느껴지는 감정과 행동을 그대로 보여라.
- '정답'은 없다. 진짜 반응이 중요하다.

※ Tip: 메이스너(Meisner) 방식 참고 — "Acting is reacting."(연기는 반응하는 것이다.)

마. 자주 하는 실습 예시

훈련명	목표	방법
의자 연습	감정 집중, 현재성 훈련	빈 의자에 누군가 있다고 상상하고 진심으로 대화하기
거울 연습	자기 인식, 감정 제어	거울 속 자신과 대화하며 감정 변화를 관찰
기억의 조각	정서기억 활성화	특정 기억(첫사랑, 상실, 기쁨)을 글로 적고 연기해 보기
일상 장면 재현	자연스러운 행동 훈련	일상적 행동(커피 내리기, 신발 신기)을 극 중 인물로 수행

바. 훈련 후 체크리스트

- 오늘 내 감정의 흐름은 자연스러웠는가?
- 감정을 '만들려' 하지 않았는가?
- 인물의 욕망과 목표가 분명했는가?
- 내 몸은 긴장되지 않았는가?
- 감정 몰입 후 회복 시간을 충분히 가졌는가?

'메소드 연기론'을 살펴보면 이론적 접근과 훈련 방법 모두 감정의 중요성이 언급되어 있다.

그렇기에 이 책의 내용 또한 '메소드 연기론'을 토대로 감정을 연기에 활용하는 방법들을 찾고자 한 것으로 요약한 '메소드 연기론'을 반드시 숙지한 이후에 시작해 주시길 당부드리고자 한다.

감정….

연기자가 갖추어야 할 여러 가지 조건이 있겠으나 무엇보다 감정이 무엇인지 정확히 인지할 필요가 있다.
또한, 무수한 감정들이 어떠한 상황에 발현되는지를 알아야 한다.
그래야만 작품에서 요구되는 배역의 상황에 부합되는 감정을 정확히 찾아낼 수 있기 때문이다.

혹자는 말한다.
"메소드 연기론에서는 '인위적인 감정을 생산해 내지 말고 스스로 발현되는 감정에 집중하라'고 하는데 그렇다면 작품 연습 과정에서 연기자 본인이 스스로 느끼는 감정에 집중하면 되는 거 아닌가요?"라고….

이러한 주장에 당신도 동의하는가?
본인이 스스로 느끼는 감정과 작품의 인물이 느끼는 감정이 일치한다고 어떻게 담보할 수 있는가?
또한, '메소드 연기론'에서 말하는 '인위적이지 않고 스스로 발현되는 감정에 집중하기'는 자기 탐색 훈련 과정에서 감정에 대해 바로 알기 위한 하나의 수단일 뿐이다.
그러한 훈련 과정을 거쳐야 배역의 감정에 정확히 접근할 수 있다는 것이다.

작품에서 요구되는 인물은 절대 당신 개인이 아니다.
작품 배역의 인물에 기반한, 인물이 당면한 상황에서의 감정을 요구하는 것이다.
그러기에 먼저 훈련 과정에서 자신의 감정을 관찰함으로써 감정이라는 것이 어떤 과정을 통해 어떻게 발현하는지 깨닫는 것이 선결 과제임을 알려 주고 있다.

하여 이를 전제로 본격적인 '감정'을 이해하는 방법에 대해 살펴보고자 한다.

'감정'의 이해

초보 연기자에게 '지금의 연기가 어떤 감정이었나?' 하고 물어보면 자신이 연기한 장면의 상황을 장황하게 설명하는 경우가 많다.

그래서 재차 '그 상황에서 어떤 감정을 느꼈다는 것인가?'라고 물어보면 정확한 정의를 내리지 못하곤 한다.

예를 들어 보자.

여성 연기자의 독백 대사로도 많이 알려진 구로자와 아키라 감독의 〈나생문(羅生門)〉 속 부인의 대사이다.

> 부인: (산적에게 성폭행을 당한 후) 갔어요. 갔어요, 우린 이제 살았어요. (병적인 울음과 웃음)

상황은 지문에 이미 설명이 되어 있다.

그렇다면 이때 '부인'은 어떠한 감정 상태인가?

성폭행을 당했다는 슬픔? 살았다는 안도감?

당신이 몇 가지의 감정을 찾을 수 있었는지 알 수 없으나 대부분 실수하는 것이 '대사' 즉, 텍스트 활자만을 해석하기에 급급하다는 점이다.

말을 어떻게 하지? 병적인 울음과 웃음은 무엇을 의미하지?

초보자들의 실수는 대사에 집중한다는 것이다.

대사 즉, 활자에 매몰되면 정확한 감정은 물론 감정의 변화, 전개를 찾아낼 수 없다.

그렇다면 해법은 무엇인가?

우선 대사(활자)에서 벗어나 온전히 상황에 접근해야 한다.

1. 부인이 성폭행을 당했다. 부인의 감정 상태는 어떠한가?
2. 산적이 현장에 남아 있는가? 떠났는가?
3. 부인은 산적의 부재를 언제 인지하였는가?
4. 남편은 현재 어디에 있는가? 부인은 남편에 대해 어떤 마음일까?
5. 부인은 현재 어떠한 모습인가?

정리하자면, 일차적으로 부인의 심리적 감정 상태는 극도의 공포와 불안, 경계심, 모멸감, 수치심, 비참, 참담, 미안함, 자책감 등 말 그대로 충격에 휩싸여 혼란스러운 감정에 사로잡혀 있을 것이라 짐작할 수 있다.

그렇다면 공포와 불안의 근거는 무엇인가?
상대는 산적이다. 부인 자신은 물론 남편의 생명까지도 해할 수 있는 무자비한 대상이다. "우린 이제 살았어요"라는 대사를 통해 유추할 수 있듯이 살기 위해 부인은 버텨 냈을 것이다.

모멸감과 수치심, 비참함과 참담함은?
무사(사무라이)의 아내인 자신의 신분과는 비교도 안 되는 산적에게 겁탈을 당하며 느꼈을 부인의 감정 상태는 충분히 예상할 수 있을 것이다.

미안함과 자책감은?
대사를 보면 남편을 향해 "갔어요"라는 말을 한다.
남편의 앞에서 겁탈을 당하며 자신을 구해 주지 못하는 남편을 원망 또는 증오할 수도 있겠으나, 남편을 향해 "갔어요… 살았어요"라고 외치는 부인이라면 오히려 힘이 부족한 여인으로 산적에게 저항하지 못한 미안함과 자책감을 느낄 수도 있지 않을까?

그렇다면 경계심, 불안, 초조는 무엇인가?
산적이 현장에 남아 있는지, 현장을 떠났는지 아니면 다시 돌아오는 건 아닌지….

부인은 어떤 모습으로 있을까?

서 있거나 누워 있을 수 있을까?

앉아 있다면 어떤 모습일까?

옷은 제대로 입었을까?

당신이 상상하는 모습을 부인이 갖추고 앉아 있는 이유는 어떠한 감정 때문일까?

대부분 상상할 수 있듯이 옷을 제대로 추스르지도 못하고 어정쩡하게 앉아서 공포에 사로잡혀 온몸을 사시나무 떨 듯 떨며 자신의 참담한 처지와 밀려오는 모멸감을 견디지 못하고 북받치는 슬픔에 소리 없이 흐느끼고 있을 것이다.

그러나 당신이 상상을 기반으로 섣불리 부인의 모습을 먼저 재연해 보고자 한다면 그것 또한 잘못된 접근이다.

대부분의 초보자들이 성급함을 견디지 못하고 재연에만 집중한다.

절대 그래선 안 된다.

지금의 상상은 감정을 이해하기 위한 선행 절차이기에 절대 자신이 상상한 모습을 먼저 표현하고자 해서는 안 된다.

재차 말하지만 여기서 중요한 것은 부인의 감정이다.

만약 당신이 위에서 설명한 부인의 감정들에 동의한다면 다음으로 해야 하는 것은 부인의 감정을 그래프로 그려 내는 것이다.

뒤에 자세히 설명하겠지만 우선 이해를 돕고자 감정 그래프를 소개하고자 한다.

A. 호흡과 감정의 강도에 대한 그래프

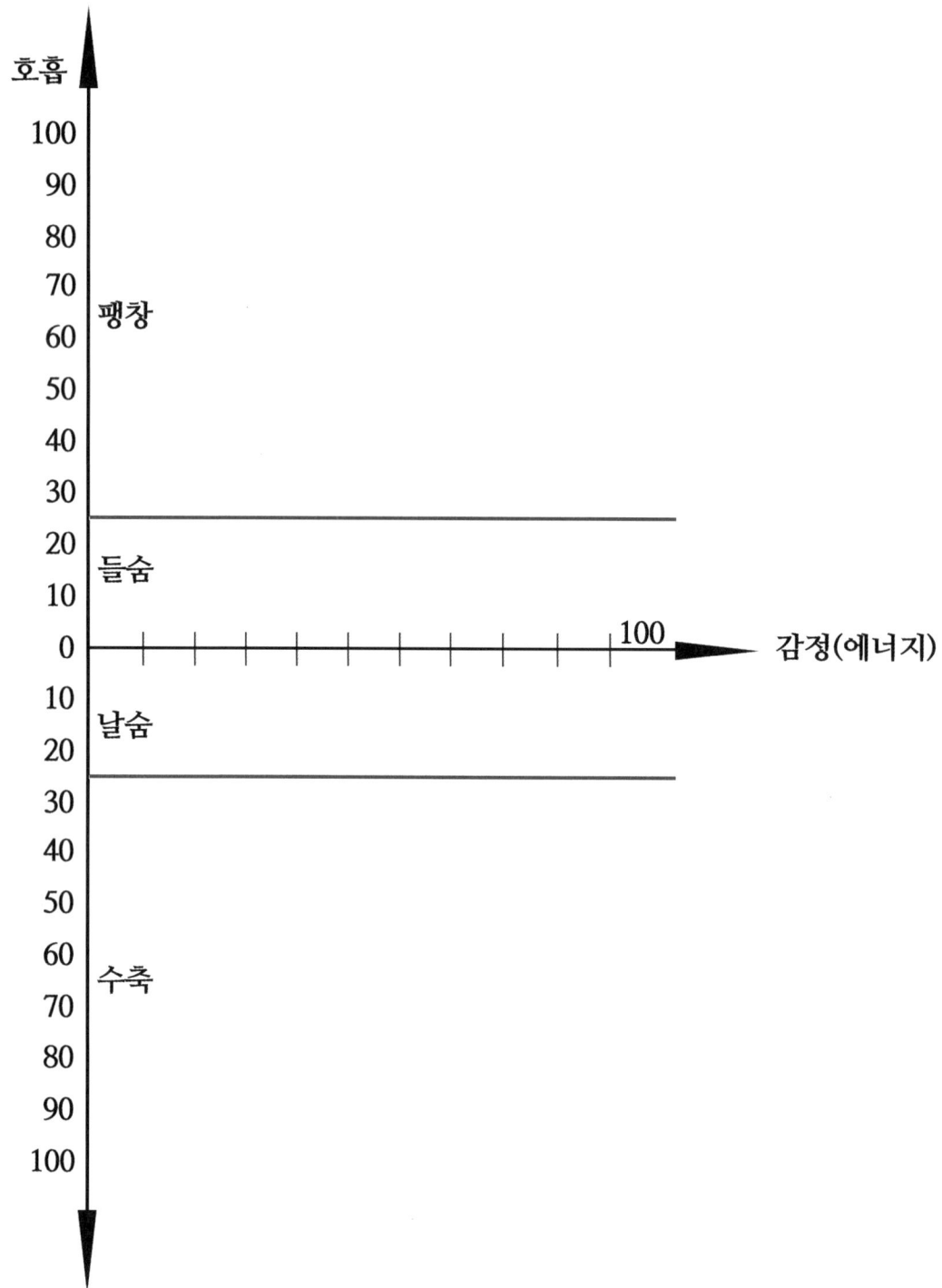

이 그래프는 앞으로 당신이 생각하는 감정의 흐름을 직관적으로 이해하는 데 도움이 될 것이다.

다시 '부인'의 감정을 살펴보자.
앞서 설명한 '부인'의 감정에 동의한다면 언급된 '공포, 경계심, 모멸감, 수치심, 미안함, 자책감, 비참, 참담' 등의 감정을 그래프에 표시한다면 당신은 어디에 위치시킬 것인가?

상황을 미루어 부인의 감정이 극도로 치달아 있을 테니 가로축의 감정 80~100 주변으로 위치될 것 같고 세로축의 팽창과 수축은 처음 보는 것이라 어찌해야 할지 몰라 당황하고 있지는 않은지….

그렇다면 부인의 호흡을 추측해 보자.
혼란스러운 감정으로 들숨과 날숨이 일정하지 않고 불규칙할 것이다.
그럼에도 불구하고 호흡의 영역을 찾는다면 들숨의 어느 경계와 날숨의 어느 경계까지 호흡이 변화될까?

가로축은 당신이 생각한 바와 같이 감정의 상태, 정도를 에너지로 정의한 것이고 세로축은 감정에 수반되는 호흡과 신체(팽창, 이완, 수축)의 상태를 함께 표시하는 그래프라고 생각하면 된다.

당신은 자신이 무감정한 상태일 때를 정확히 알고 있는가?
시쳇말로 멍 때리는 상태, 즉 어떤 내외적인 자극 없이 평온한 상태를 세로축의 0이라고 정의하자.
연기훈련 과정에서 경험한 이들도 있겠으나 바닥에 누워 오롯이 미세한 호흡에만 집중하며 온몸을 이완하고 있는 상태가 바로 기준점인 0이라고 생각하면 된다.

다음으로 머릿속에 감정 그래프를 그려 놓고 지금 당신이 생각하는 감정이 그래프 어느 곳에 해당되는지 위치해 보는 것이다.
가장 단순하게 정리하자면 세로축의 0을 기준으로 통상 긍정적인 감정은 위쪽으로 부정적인 감정은 아래쪽에 자리한다고 생각하면 편하다.

긍정적 감정: 기쁨, 설렘, 성취감, 확신, 사랑, 기대감 등
부정적 감정: 슬픔, 걱정, 고민, 불안, 절망, 공포 등

이는 이해를 돕기 위한 구분으로 모든 감정이 상하로 구분되는 것은 아니다.
우선은 그래프의 0을 기준으로 감정이 어떻게 구분되는지 정도로 이해하면 된다.

그렇다면 세로축의 상하 25에 위치한 들숨과 날숨은 무엇을 의미하는가?

이는 감정의 상태가 깊지 않은, 일상적으로 가볍게 느껴지는 감정의 정도를 구분하기 위한 기준선이다.
당신의 호흡이 가득 차 더 이상 숨을 들이마실 수 없는 최대치를 위쪽 100이라 하고, 호흡을 모두 내뱉어 몸 안에 공기가 전혀 남지 않은 진공 상태를 아래쪽 100이라 가정할 때, 일반적으로 신체의 변화(팽창, 수축) 없이 호흡의 양과 함께 어깨와 가슴이 조금 부풀거나 가라앉는 정도의 지점이라고 생각하면 한다.

만약 여러분이 이성을 만나기 직전 기대감 또는 설렘을 가볍게 느낀다고 가정해 보자.
호흡량이 들숨으로 늘어나며 어깨와 가슴이 들리며 몸 전체가 약간 부푸는 느낌을 받을 것이다.
그리고 호흡은 약 20~30% 정도의 양이 가슴에 머물며 시간이 지나도 공기량이 10% 이하로 줄어들지 않음을 느낄 수 있을 것이다.
이와 유사한 호흡과 신체적 변화를 느끼는 감정들을 들숨 영역으로 구분하면 이해가 쉬울 것이다.

날숨의 영역에는 들숨과 반대로 슬픔, 걱정, 공포 등 호흡이 빠지면서 어깨와 가슴이 쪼그라드는 느낌을 받는 감정들로 구분하면 된다.

다음은 가로축이다.
이는 하나의 감정이 증감되는 정도로 이해하여도 되지만 유사한 영역의 감정을 구분하는 지표로 활용하면 도움이 될 것이다.

만약 당신이 어떠한 상황으로 인해 슬픔을 느낀다고 가정하자.
그 슬픔의 정도가 경미할 수도(10%), 무거울 수도(60%) 있을 것이다.
그렇다면 당신에게 슬픔의 영역에 있는 우울, 울적, 서글픔, 서러움, 암울, 비통, 참담, 절망 등의 감정에 대해 부등호를 설정하여 나열하라면 어떻게 하겠는가?

필자가 느끼는 정도를 예로 들겠다.
울적 < 우울 < 서글픔 < 암울 < 서러움 < 비통 < 참담 < 절망

이는 정답이 아니므로 각자 자신이 느끼는 순으로 부등호를 적용하면 된다.

가로축의 정의에 이를 예시로 든 것은 단순한 나열이 아닌 나열된 감정의 정도를 수치로 표기하는 방법을 설명하기 위해서이다.

당신이 나열한 순으로 감정의 수치를 삽입해 보라.

울적(5%) < 우울(7%) < 서글픔(15%) < 암울(20%) < 서러움(30%) < 비통(40%) < 참담(60%) < 절망(70%)

이렇게 수치를 정하면 모호하던 감정이 보다 명확해지는 것을 느낄 수 있을 것이다.

하여 당신에게 주어진 또는 필요한 감정을 그래프를 활용하여 도식화할 수 있다면 훨씬 직관적으로 감정을 이해하고 선택하는 데 도움이 될 것이라 믿어 의심치 않는다.

지금 나의 감정 또는 작품에서 요구하는 감정은
어떤 호흡 및 신체적 반응, 그리고 감정의 에너지를 요구하는가?

어떤 사람이 순간적으로 예상치 못했던 상황에 직면하는 경우 우리는 '놀랐다'라는 단어를 떠올린다.

이 경우 어떤 상황이 어울릴까 생각해 보자.

1. 아무도 없을 거라 생각한 화장실 문 또는 방문을 열었는데 누군가 있었을 때
2. 가구 뒤에서 예상치 못했던 벌레를 발견하였을 때
3. 커다란 파열음이 바로 곁에서 들려올 때
4. 어떠한 물체와 순간적으로 부딪힐 뻔하였을 때

비명을 지르거나 혹은 숨이 멈춰지고, 눈이 저절로 감기거나 온몸이 수축되어 자신을 보호하려고 하거나 하는 등의 행동을 하게 될 것이다.
또는 발을 동동 구르며 눈물을 흘리거나 옆 사람에게 매달리거나 혹은 상대를 때리는 사람도 연상된다.

이러한 상황에서 "깜짝이야!"라는 대사가 부여된다 해도 괜찮을 것 같다.

그렇다면 위 네 가지 상황에서의 "깜짝이야!"라는 대사는 모두 동일한 호흡과 신체적 반응, 감정의 정도가 적용될까?
만약 동일하지 않다면 그 이유는 무엇이라 생각하는가?

놀람에 대한 정도의 차이가 있기 때문이라고 답할 것이다.
그렇다면 그 정도라는 것은 어떻게 정해지는 것인가?

외부적 요인 즉, 감정적 자극에 상응하는 반응으로 감정이 생성되는 것이다.

따라서, 10%의 놀람, 20%의 놀람, 30%의 놀람, 40%의 놀람, 50%의 놀람을 각각 우리는 반드시 알아야 하는 것이다.

보충설명으로 위의 상황에서 '저는 놀람보다 당황인 것 같은데요'라고 생각하는 이도 있다.

이렇게 감정에 의문이 생길 경우, 해당 상황을 느리게 상상해 보면 도움이 된다.

상상 1) 당신이 지금 아무 생각 없이 화장실 문을 열었는데 이성이 안에 있다.

순간 당황하고 "깜짝이야"라고 말하고 문을 닫으며 "죄송합니다"라고 말한다.

상상 2) 당신이 지금 아무 생각 없이 화장실 문을 열었는데 이성이 안에 있다.

순간 놀라 멈칫했다가 당황한 나머지 허둥지둥 아무 말도 못 하고 문을 닫으며 미안한 마음으로 "죄송합니다"라고 말한다. 또는, 순간 놀라 "깜짝이야" 말하고, 눈앞에 놓인 상황에 당황한 나머지 급히 문을 닫으며 미안함에 "죄송합니다"라고 말한다.

'당황'의 사전적 의미는 '놀라거나 다급하여 어찌할 바를 모름'이다.

'놀람'이 선행되어야 느낄 수 있는 감정이라는 뜻이다.

또한 '상상 1'의 경우 '당황' 한 가지의 감정만 적용하였으나 '상상 2'의 경우는 '놀람', '당황', '미안함' 세 가지 감정을 적용하였다.

두 가지 상상 모두 "깜짝이야", "죄송합니다"로 대사는 동일하나, 감정의 차이를 두었다.

당신은 어떠한 접근이 마음에 드는가? 선택은 본인의 몫이다.

분명한 것은 특정 상황에 대한 반응을 '감정'순으로 정리하게 되면 보다 구체적이고 명확한 행동양식을 찾아낼 수 있게 되고, 이를 활용한다면 당신의 연기는 더욱 폭넓어질 것이다.

여기에 감정의 강도에 따른 신체적 반응도 함께 수반된다면 부족함이 없을 것이다.

그렇게 되기 위해 이제 본격적으로 '감정'에 대해 접근해 보도록 하자.

2장

'감정'으로의 접근 훈련

그럼 지금부터 '다양한 감정들을 어떻게 훈련할 것인가?'에 대해 살펴보자.

'메소드 연기론'은 상황에 맞게 감정이 스스로 발현될 수 있도록 하는 것이 중요하다고 강조한다. 하지만, 이는 지도자가 있어 연기자에게 다양한 미션을 부여하고 이를 확인하는 과정에서는 적합할 수 있겠으나 개인이 스스로 훈련법을 만들어 연습하기에는 다소 어려움이 있다.

따라서, 다음과 같은 훈련법을 제안한다.

기초 훈련 과정

1) 감정 개념 잡기

가소로움, 가여움, 가증스러움, 각오, 간사함, 간절함, 갈급함, 갈등, 갈망, 감격, 감동, 감복, 감사, 감응, 감탄, 강박감, 개운함, 거만함, 거부감, 걱정, 격노, 격정, 결심, 겸손, 겸연쩍음, 겸허, 경각심, 경계심, 경멸, 경외심, 경이감, 고뇌, 고독감, 고립감, 고마움, 고민, 곤혹감, 공명심, 공포심, 공허감, 관심, 쾌씸, 괴로움, 괴리감, 교만심, 굴욕감, 궁금함, 권태감, 귀여움, 그리움, 근심, 기겁, 기대감, 기막힘, 기쁨, 긴박감, 긴장감, 낙담, 난감, 노여움, 노파심, 놀라움, 다짐, 담담함, 답답함, 당당함, 당혹감, 당황, 대견함, 도취감, 동경심, 동정심, 두려움, 들뜨다, 딱함, 막막함, 만만함, 만족감, 망설임, 먹먹함, 멸시감, 모멸감, 모욕감, 모험심, 못마땅함, 무관심, 무력감, 무료감, 무안감, 미련, 미심쩍음, 미안함, 미움, 민망함, 박진감, 박탈감, 반가움, 반감, 반발감, 반항심, 배려심, 배신감, 배타심, 번뇌, 번민, 복수심, 부끄러움, 부담감, 부러움, 분노, 불만감, 불신감, 불쌍함, 불안감, 불쾌감, 불행감, 비애, 비장감, 비참, 비통, 뿌듯함, 사랑, 사명감, 상실감, 상쾌, 서글픔, 서러움, 서운감, 설렘, 섭섭함, 성취감, 소망, 소명감, 소외감, 소중함, 속상함, 수모감, 수치심, 슬픔, 시기심, 신뢰감, 신비감, 실망감, 실패감, 심란, 쑥스러움, 쓸쓸함, 씁쓸함, 아쉬움, 악랄함, 안도감, 안심, 안쓰러움, 압박감, 애잔함, 애절함, 애증, 애착, 애처로움, 애타심, 애틋함, 야심, 얄미움, 어색함, 어이없음, 억압감, 억울함, 억지감, 언짢음, 여유감, 연모, 연민, 연정, 열등감, 열망, 염려, 예민함, 외로움, 욕망, 욕심, 용맹심, 우려, 우스움, 우울감, 우월감, 울분, 울적, 원망, 원한, 위안감, 위압감, 위축감, 위협감, 유쾌, 의구심, 의무감, 의심, 의협심, 이기심, 이질감, 이타심, 인내심, 자괴감, 자립심, 자만심, 자부심, 자신감, 자조감, 자존감, 자책감, 재미, 저항심, 적개심, 적대감, 절망감, 절박감, 절실함, 조바심, 존경심, 존중심, 좋음, 좌절감, 죄책감, 중압감, 즐거움, 증오, 진지함, 질식감, 질투심, 집착심, 짜릿함, 짜증, 찜찜함, 찝찝함, 착잡함, 참담, 창피함, 책무감, 책임감, 처량함, 처연함, 청량감, 초조함, 추앙심, 충성심, 측은함, 친밀감, 친숙함, 침울감, 쾌감, 탄복, 탐탁함, 파괴심, 평온감, 포만감, 피로감, 한심, 행복감, 허망감, 허무함, 허영심, 허전함, 허탈감, 혐오감, 호감, 호기심, 혼란감, 확신감, 환희, 황당, 황량감, 황홀감, 회의감, 흐뭇함, 흡족감, 흥미, 흥분감, 흥취감, 희망감, 희열

다음은 위 감정들을 정리할 '감정 노트'의 예시이다. (기본 자료 별첨)

- 가소로움

사전적 의미	같잖아서 우스운 데가 있다. (상대의 말이나 행동이 터무니없고 하찮다고 느낌)
예 문	1. 나는 그의 제안이 무척 가소로웠다. 2. 말도 안 되는 소리를 그냥 듣고 있기가 가소롭다
상 황 (구체적으로)	*1. 나와 상대도 안 될 것 같은 어린아이가 팔씨름을 하자고 한다.* *2.* *3.*
동 작	*1. 콧방귀 또는 코웃음을 한다. (비웃음)* *2.* *3.*
호 흡	*들숨/날숨/팽창/수축 구분*

- 가여움

사전적 의미	딱하고 불쌍함.
예 문	1. 나는 사고로 엄마를 잃은 아이가 너무 가여워 눈물을 흘렸다. 2. 난 도망치려고 안간힘을 쓰는 그 새가 너무 가여웠어.
상 황 (구체적으로)	*1. 어린 강아지가 길가에서 비를 맞고 떨고 있다.* *2.* *3.*
동 작	*1. 미간이 들리고 눈꼬리가 처진다.* *2.* *3.*
호 흡	*들숨/날숨/팽창/수축 구분*

'감정 연기 훈련'을 위해 가장 먼저 준비해야 할 과정은 '감정 노트' 작성이다.

'감정 노트'는 감정의 이해는 물론 유사 상황을 통한 감정의 접근 및 호흡과 신체 변화 등을 기록하는 자신만의 훈련 자료로 당신의 연기 자산이 되리라 감히 단언한다.

그렇다면 '감정 노트'는 어떻게 만들고 활용하는지 살펴보자.

책 뒤에 별도로 정리된 감정별 사전적 의미와 예문을 먼저 살펴보고 각 감정별로 본인이 가장 확실하게 인지할 수 있는 상황을 3개 정도 직접 작성한다.
반드시 본인이 해당 감정을 명확히 인지할 수 있는 상황을 간결하면서도 구체적으로 작성하기 바라며, 이는 언제든 쉽고 편리하게 해당 감정을 상기할 수 있도록 하는 자료로 활용될 것이다.

다음은 자신이 작성한 상황에서 나타나는 행동을 3개 이상 기재한다.
행동의 경우, 자신이 했던 행동은 물론 타인 또는 매체를 통해 보았던 행동을 모두 기록해 두면 해당 감정을 연기하는 데 상당한 도움이 된다.
하지만, 이는 오랜 시간과 수정이 요구된다.
한 번에 다 찾지 못해도 좋다.
조금씩, 꾸준히, 기록하고 확인하고 활용한다면 당신의 연기는 점차 빛을 더해 갈 것이다.

마지막으로 호흡은 어떠한 영역에 해당하는지 선택한다.

가소로움의 경우 코웃음을 '흥' 하고 짧게 내뱉은 후 긴 들숨을 마시고 멈추어 보자.
들숨의 경계였던 25% 정도를 들이마실 수도 있고 그 이상이 될 수도 있다.
본인에게 해당되는 들숨 또는 팽창을 선택하면 된다.

가여움의 경우 신음과 유사한 '음' 소리를 내며 호흡을 내뱉어 보자.
날숨의 경계였던 25% 정도를 내뱉을 수도 있고 그 이상으로 길게 지속될 수도 있다.
본인에게 해당되는 날숨 또는 수축을 선택하면 된다.

정리하자면 사전적 의미를 먼저 보고 자신이 기록한 상황을 상상하며 해당 감정에 접근하고 감정이 느껴지면 해당 호흡의 영역으로 호흡을 가져간다.

이를 반복하는 과정에서 호흡의 속도감을 빠르게 또는 느리게 조절하며 어느 정도 속도감이 감정 접근 및 유지에 도움이 되는지 살펴본다.

적당한 호흡 속도를 찾았다면 동일한 과정을 반복하며 마지막으로 자신이 정리한 동작을 한 가지씩 접 목하여 실행해 보는데 만약 동작을 진행하는 과정에서 감정이 유지되지 않는다면 동작과 감정이 상호 충돌하여 방해가 된다는 뜻이기에 해당 동작을 즉시 보류하고 다른 동작으로 수정해야 한다.

왜 이런 현상이 일어나는가?

감정은 반응이다.

'감정 노트 훈련법'은 유사 상황의 대입을 통해 당신에게 내재되어 있는 감정의 신경세포를 자극하여 해당 감정에 조금씩 접근하는 '자기암시'의 일종이다.

지금껏 당신의 감정에 따라 신체나 호흡이 무의식적으로 반응해 왔기에 그렇게 장기간 고착화된 무의 식적 호흡과 동작이 훈련을 위해 부여된 감정의 동작이나 호흡과 불일치될 경우 거부감과 어색함을 느 끼는 것이다.
따라서, 훈련을 위해 선택한 감정에 자신이 원하는 동작과 호흡을 일방적으로 부여할 것이 아니라 동 작의 속도 및 신체 에너지를 조절해 보거나 다른 동작으로 대체하는 것이 반드시 필요하다는 것이다.

어느 매체 혹은 타인으로부터 모방하고 싶은 동작을 간혹 억지로 자신의 감정에 접목해 연기에 사용할 경우 오히려 스스로 감정을 깨뜨리는 결과를 초래할 수 있으니 주의해야 할 점이다.
따라서, 지속적이고 반복적인 감정과 동작의 매칭 훈련을 통해 본능적인 이질감과 거부감을 없애고 온 전히 감정에 몰입할 수 있도록 훈련해야 하며 이 훈련법은 두 번째 심화 과정에서 설명할 예정이다.

2) 감정에 접근하기

1단계 감정 노트의 정리를 통해 감정에 대한 이해와 구분이 가능하게 되었다면 다음은 확인된 감정들 에 접근하기 위한 훈련법이다.

간혹 자신도 모르게 이유 없이 울적하거나 왠지 모를 불안함을 느끼며 '내가 오늘 왜 이러지?' 하고 의아해해 본 경험이 있을 것이다.

이는 바이오리듬의 영향 또는 미세한 호흡 불안 등 신체적 변화에 따른 감정 착시가 원인인 경우도 있다.

하여 이러한 점에 착안해서 호흡 및 신체적 환경을 자신이 접근하고자 하는 감정의 상태에 부합되는 조건을 만들어 줌으로써 감정 착시를 유도하고자 하는 것이 이번 훈련의 목적임을 밝혀 둔다.

○ 호흡의 구분

앞서 감정 그래프를 통해 설명한 바 있지만 감정을 구분하기 위해 호흡의 구분을 들숨과 팽창, 날숨과 수축으로 구분하였다.

들숨 자체가 팽창의 일환이고 날숨 자체가 수축의 일환이나 그래프상에서는 이해를 돕고자 단순히 명칭을 구분해서 사용한 것이다.

이번에는 호흡의 양은 그대로 하고 호흡의 시간(속도)을 기준으로 이야기해 보고자 한다.

B. 호흡의 양과 호흡 시간의 연관성 그래프

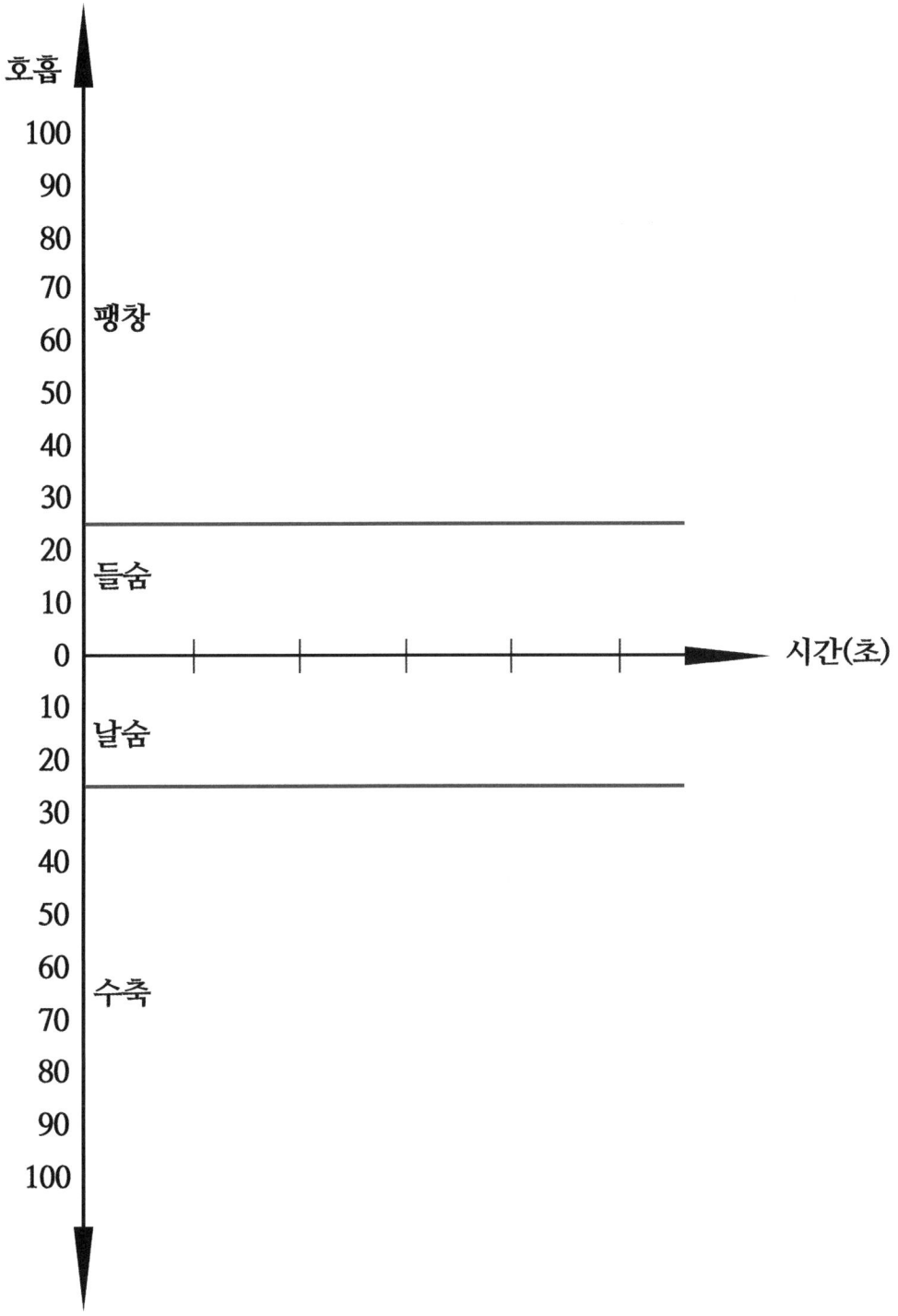

감정을 위한 호흡을 확인하기 위해서는 반드시 기준점 0에 대한 이해가 있어야 한다.

평상시 자신이 일반적으로 가볍게 들이마시고 내쉬는 호흡을 살펴보자.

통상 1~2초 정도 공기를 들이마시고 내쉬고 멈추기를 반복하는 과정을 거칠 것이다.

이는 몸에 힘이 들어가 있지 않고 아무런 자극이 없는 지극히 평온한 상태에서의 일반적 호흡을 말한다.

여기에서 기준점 0은 숨을 들이마시고 내쉰 후 멈춰지는 순간을 말한다.

편안한 상태에서 호흡을 일정하게 반복하며 이 기준점을 느껴 보라.

그리 어렵지 않게 그 순간을 찾아낼 수 있게 될 것이다.

기준점이 확인되었다면 이 기준점을 시작으로 팽창과 수축을 먼저 확인해 보자.

먼저 기준점을 찾기 위한 일반적 호흡을 두세 차례 가진 후 기준점이 느껴지면 호흡을 멈춘다.

그 상태에서 단번에 숨을 들이마셔 더 이상 호흡이 불가능한 지점을 팽창 100 지점으로 기억한다.

기준점으로부터 단번에 팽창 100 지점까지의 호흡을 반복하며 호흡량의 흐름을 잘 파악한다.

호흡량이 파악되었다면 이를 절반으로 나눈 50 지점을 찾아본다.

잘 느껴지지 않는다면 100 지점과 50 지점의 호흡을 반복하며 50 지점에 도달할 수 있도록 한다.

그 후 한 번의 호흡으로 50 지점에 도달, 100지점에 도달할 수 있도록 훈련한다.

다음은 수축이다.

팽창과 반대 호흡으로 기준점 0을 기준으로 2~3초간 부드럽게 호흡을 내뱉어 몸 안에 공기가 전혀 남아 있지 않은 진공상태를 만들어 본다.

유의할 상황은 팽창과 같이 호흡을 단번에 내뱉지 말아야 한다.

이는 팽창의 호흡과 달리 신체에 무리가 될 수 있으며 또한 진공의 영역을 감지하는 데 오류가 발생할 수 있기 때문이다.

우선 호흡 기준점에서 2~3초간에 걸쳐 숨을 내뱉으며 몸 안에 공기가 남아 있지 않은 진공의 상태를 확인하고 이를 반복한다.

확인되었다면 이 지점을 수축의 100 지점으로 기억하면 된다.

이후 팽창과 동일한 방법으로 100 지점과 50 지점의 호흡을 반복하며 50 지점에 대한 정확한 호흡량을 파악한다.

그 후 한 번의 호흡으로 50 지점에 도달, 100지점에 도달할 수 있도록 훈련한다.

다음 단계는 50 지점을 기준으로 한 호흡 쪼개기이다.

여러분은 처음 감정 그래프를 보았을 때 호흡이 0~100으로 표기된 이유에 대해 호흡을 10% 단위로 구분하리라는 사실을 예상하였을 것이다.
그렇다면 당신은 현재 당신의 호흡을 10% 단위로 구분할 수 있는가?
그러니 서두르지 말고 지시에 따라 주길 바란다.

팽창(들숨)과 수축(날숨)의 한계 지점 100을 기준으로 절반을 나눈 50 지점에 대해 인지할 수 있고 한 번의 호흡으로 50 지점에 도달이 가능하다면 다음 단계로 50 지점의 절반 25 지점과 50~100 지점의 절반 75 지점을 찾는다.

어차피 100 지점은 설명을 위한 부분으로 감정이 그 정도의 호흡을 필요로 하는 경우는 없다.
초보자의 경우 호흡 0~25 지점까지도 활용이 어렵다.
팽창과 수축 각각 3개씩 25, 50, 75 지점까지의 호흡만 정확히 컨트롤할 수 있어도 '감정 접근하기'의 절반은 성공할 것이라 장담한다.

복기하자면 팽창과 수축의 100 지점의 호흡과 신체적 느낌을 정확히 인지하고 호흡량을 정확히 절반으로 나눠 50 지점을 찾은 후 한 번의 호흡으로 50 지점에 도달하는 연습을 먼저하고, 이것이 익숙해지면 25 지점을 동일한 방법으로 찾아 훈련하고 다음으로 75 지점을 찾아 훈련을 반복함으로써 팽창과 수축별 25, 50, 75 지점에 자신이 원할 경우 정확히 도달할 수 있도록 한다.

○ 호흡의 속도 조절

자, 당신은 이제 감정 연기에 필요한 호흡 6개를 구분할 수 있게 되었다.
팽창 25, 50, 75와 수축 25, 50, 75.

다음 단계는 구분된 호흡을 활용한 각 지점 도달 호흡의 속도 조절이다.
위 호흡의 구분은 호흡의 양에 대한 구분이었다.
속도 조절은 해당 호흡량을 원하는 시간에 도달하는 훈련이다.
6개로 구분된 지점에 1초, 2초, 3초의 세 가지 방식으로 호흡을 가져가는 훈련이다.

6개의 호흡량에 세 가지 초 단위 호흡하는 법.
18개만 훈련하면 된다.

'이게 도대체 어떠한 도움이 된다는 걸까?' 하고 못 미더워 하는 분들을 위해 간단한 체험을 해 보자.

기대감 또는 설렘을 적용해 보자.
눈을 감고 자신의 앞에 멋진 선물 상자가 놓여 있다고 상상해 보라.
팽창 호흡 25를 1초의 호흡으로 기준점 0에서 숨을 들이마시고 내쉰다.
팽창 호흡 50을 1초의 호흡으로 기준점 0에서 숨을 들이마시고 내쉰다.
팽창 호흡 75를 1초의 호흡으로 기준점 0에서 숨을 들이마시고 내쉰다.

걱정이나 불안함을 적용해 보자.
부모님이 실망할 성적표가 자신의 앞에 있다고 상상해 보라.
수축 호흡 25를 1초의 호흡으로 기준점 0에서 숨을 내쉬고 들이마신다.
수축 호흡 50을 1초의 호흡으로 기준점 0에서 숨을 내쉬고 들이마신다.
수축 호흡 75를 1초의 호흡으로 기준점 0에서 숨을 내쉬고 들이마신다.

느껴지는가? 만약 아무것도 느낄 수 없다면 당신은 더 이상 이 책을 볼 필요가 없으니 다른 교재를 선택하는 것이 바람직할 것이다.
감정의 정도(깊이, 에너지) 변화를 조금이나마 감지할 수 있다면 당신은 이 훈련법을 계속해도 좋다.

그럼 동일한 방법으로 2초의 호흡을 각각 적용해 보라.
1초의 느낌과 동일한가?
다르게 느껴진다면 그 이유는 무엇일까?

자신에게 내재된 무의식이 감정별로 서로 다른 호흡과 시간을 요구하고 있다는 것이다.
그렇기 때문에 6개 호흡과 세 가지 시간(1, 2, 3초)에 기초하여 감정 노트에 정리한 자신의 감정들이 어느 영역에 있는지 감정 그래프에 표기해서 관리해야 한다는 것이다.

이렇게 하면 당신이 정리한 감정에 대해 직관적으로 파악할 수 있고 이 자료를 활용해 원하는 감정에 접근하는 것이 용이해질 것이다.

심화 훈련 과정

1) 감정 자극을 위한 신체적 조력

앞서 기초 과정에서 언급한 바 있지만 어떠한 감정에서 타인이 인지할 수 있는 행동들이 있다. 얼굴을 감싼다거나, 주먹을 불끈 쥔다거나, 머리를 쓸어 올리거나, 미간을 찌푸리거나 하는 행동들을 말한다.

이러한 행동들은 특정한 감정에서 부지불식간에 도출되기 때문에 스스로 자신이 어떠한 감정에서 어떠한 동작을 했는지 무의식적인 상태에서 순간적으로 파악하기는 어려움이 있다. 하여 우리는 보통 연기적 설정으로 특정 감정을 표현하기 위한 동작들을 연기에 활용하게 되지만 그것이 오히려 불편하거나 감정에 별 도움을 못 주는 경우를 발견하곤 한다.

그것은 자신의 감정 상태, 호흡과 불일치되기 때문이라고 앞서 설명을 하였는데 그렇다면 해결법은 무엇일까?

해답은 바로 앞 문장에 있다.

동작이 자신의 감정 상태 또는 호흡과 불일치되기 때문이라면 일치되게 하면 될 것이 아닌가?

이번 훈련을 위해 여러분은 지금 팽창과 수축의 호흡을 정확히 할 수 있어야 한다.

우선 침대 또는 바닥에 누워 기준점 0에 도달하기 위한 호흡을 유지하며 몸 전체를 이완시킨다.

호흡을 편안히 가져가면서 호흡에 집중한 상태에서 몸의 각 부위를 관찰하고 힘이 들어가 있는 부위의 힘을 뺀다.

온몸이 제대로 이완되었다면 호흡 중인 가슴의 움직임만 느껴지고 팔다리가 느껴지지 않는 순간이 찾아온다.

이 지점을 기억하라.

신체 변화의 0 지점이다.

그 상태에서 자신이 할 수 있는 가장 큰 기지개를 켜 본다.

머리 위와 발 아래에 가상의 벽이 있다고 가정하고 손가락 끝이 머리 위 벽에, 발가락 끝이 발 아래 벽에 닿을 수 있도록 크게 기지개를 켜고 그 상태 그대로 몸의 힘을 빼며 이완시킨다.

그 상태에서 다시 이전과 같은 기지개를 켠다(호흡의 변화를 관찰한다).

2번 반복하며 몸의 각 부위에 대해 관찰한다.

힘(에너지)이 어느 정도 가해지는가, 신체 각 부위는 어떻게 휘어지는가?

관찰하였는가?

이것이 팽창 호흡 100 지점에 대한 신체 팽창 100이다.

다음이 예상되지 않는가?

팽창 호흡 100에 맞춰 신체 팽창 100에 도달한다.

호흡 기준점 0에서 100으로 들숨의 공기가 증가하는 속도에 맞춰 신체 팽창 또한 0(이완)에서 100까지 도달하도록 일치시킨다.

호흡과 신체(기지개)가 100에 도달하면 2초간 정지

다음은 1초에 0로 복귀

이 과정에서 호흡이 불안정하거나 신체의 팽창 과정에 단절이 발생하지 않도록 관찰하며 반복을 통해 호흡과 신체의 에너지 변화가 일치될 수 있도록 훈련해야 한다.

호흡이 0에서 100으로 증가됨과 함께 신체 에너지 또한 0에서 100으로 호흡과 일치하여 끊김이 없이 확장할 수 있도록 한다.

다음은 침대 또는 바닥에 몸을 옆으로 돌려 누워 이완시킨 상태에서 자신의 몸이 공 모양이 될 수 있도록 팔다리가 모두 몸의 중심 코어 쪽으로 끝까지 말려들어가 더 이상 작아질 수 없는 순간까지 몸을 웅크린다.

온몸을 웅크린 그 상태에서 그대로 몸의 힘을 빼며 이완의 상태로 복귀한다(호흡의 변화를 관찰한다).

2번 반복.

이것이 수축 호흡 100 지점에 대한 신체 수축 100이다.
팽창과 마찬가지로 수축 호흡 100에 맞춰 신체 수축 100에 도달한다.
이후 모든 과정은 신체 팽창 훈련과 동일하다.

이제 팽창과 수축 호흡 6개 지점(25, 50, 75)과 일치하도록 신체(25, 50, 75)의 팽창과 수축을 훈련한다.
호흡의 구분과 동일한 방법으로 신체 에너지를 100에서 50으로 호흡 50과 일치시켜 1초를 기준으로 팽창과 수축을 반복하며 해당 지점에 대한 신체적 반응을 관찰한다.
다음은 25와 75.

이렇게 6개로 구분된 호흡에 맞춰 6단계의 신체적 반응을 유도하는 데 성공하였다면 다음으로 호흡별 시간 1초, 2초, 3초 동안 각 지점별로 호흡과 신체가 해당 지점에 도달하는 훈련에 돌입하면 된다.
단, 이 훈련은 일어서서 상체 중심으로 진행한다.
팽창의 25, 50, 75는 양팔을 벌려 들며, 어깨와 가슴의 팽창에 집중한다.
수축의 25, 50, 75는 두 주먹을 쥐며 어깨와 가슴의 수축에 집중한다.
각각의 훈련을 진행하며 호흡과 신체가 해당 지점에 도달하였을 때 호흡과 신체를 멈추고 자신의 상태를 관찰하여야 한다.

반복해 말하지만 호흡과 신체가 일치되어야 감정 대입이 가능하다.
호흡과 신체의 팽창 수축이 일치되지 않는 단계에서 감정을 대입했다간 어설프게나마 지금껏 습득한 지식이 오히려 당신의 연기를 방해할 수 있다.

그러니 주의 깊게 천천히 해 보자.

그래 봐야 호흡의 팽창과 수축은 이전 훈련의 반복이고 신체는 고작 18개의 부수적 과정일 뿐이니 너무 힘들어하지 말자.
이 훈련 과정에서 호흡과 신체의 변화만으로 자신도 모르게 따라오는 감정을 느끼는 이가 간혹 있는데 당신이 여기에 해당된다면 기뻐해도 좋다. 정상에 쉽게 도달할 가능성이 높다.

2) 감정 대입을 위한 움직임

지금까지 진행된 과정에 대해 먼저 살펴보자.

1. 280개의 감정에 대해 정확히 이해하였다. (사전적 의미로나마)
2. 각 감정에 대한 상황을 정리하였다. (감정을 떠올리면 연상되도록)
   ※ 대본을 보다가 유사한 장면이 나오면 '감정 노트'를 확인하여 해당 감정을 대입하면 된다.
3. 6개 단계의 호흡법을 확인하였다. (팽창 25, 50, 75 / 수축 25, 50, 75)
4. 각 호흡에 맞춰 신체 에너지를 조절할 수 있게 되었다. (6개)
5. 호흡과 신체 에너지 조절 방법 6개에 1초, 2초, 3초의 시간을 적용해 총 18개의 변화를 이해하였다.
   ※ 반드시 호흡과 신체가 해당 지점에 도달하면 모든 걸 멈추고 자신의 신체를 관찰해야 한다.

여기까지가 앞의 과정이었다.

이제 움직여 보자. 지금부터가 중요하다.

앉아서 대본을 읽으면 괜찮다가도 일어서서 움직이면 어찌할 바를 몰라 하는 초보 연기자들이 많다.
이는 신체 에너지가 호흡과 감정을 따라가지 못하기 때문이다.

당신이 앞의 과정을 충실히 하였다면 이젠 겁낼 것이 없다.
당신의 방 또는 거실 정도의 공간이면 충분하다.

5번 내용에 해당되는 18개의 훈련을 진행하며 걸어 본다.

1초는 1~2 걸음.
2초는 3~4 걸음.
3초는 5 걸음.

이때 다리의 신체 에너지는 보폭으로 조절한다.

먼저 팽창이다.

평상시 자신의 보통 걸음 보폭(50~60cm)을 들숨 호흡량 25에 적용한다.

들숨 호흡량 50은 보통 걸음 보폭에서 10cm 정도 추가.

들숨 호흡량 75는 보통 걸음 보폭에서 15cm 정도 추가.

다음은 수축이다.

평상시 자신의 보통 걸음 보폭의 절반(25~30cm)을 날숨 호흡량 25에 적용한다.

날숨 호흡량 50은 날숨 호흡량 25의 절반(10~15cm)으로.

호흡량 75는 제자리에서.

다음은 팽창과 수축 모두 제자리에서.

1초 제자리.

2초 제자리.

3초 제자리.

다음은 1초, 2초, 3초 동안 자신이 걸어가고 싶은 만큼.

해당 걸음으로 이동하며 호흡과 신체 에너지의 변화를 우선 면밀히 관찰한다.

불편함이 있다면 이유가 무엇인지, 어떠한 요소가 방해를 하는 것인지 찾아 개선한다.

이 과정을 글로 설명하다 보니 다소 복잡하게 느껴지지만 직접 해 보면 너무나도 간단해 이 과정을 쉽게 여기는 이가 많다.

하지만 명심할 것은 이 과정을 통해 당신이 가지고 있는 모든 습관을 탈바꿈시킨다고 생각해야 한다.

이 움직임이 몸에 완벽하게 체득되지 않을 경우, 당신은 언제든지 훈련 이전의 상태로 돌아갈 수 있기 때문이다.

사람이 긴장을 하게 되면 무의식적인 습관이 나온다.

대충 연습하여 몸에 완전히 익지 않은 상태에서 연기에 임하게 되면 오히려 자신의 무의식적 습관과 충돌되어 연기에 지장을 초래하는 경우가 종종 발생한다.

이런 문제로 느닷없이 대사를 떠올리거나 감정을 생각하거나 움직임을 확인하게 되는 상황이 불현듯 찾아오면 그땐 연기자가 녹음기로 탈바꿈하게 된다.

그저 몸이라는 기계에서 입을 통해 의미 없는 소리가 흘러나오는 녹음기.

하여 몸에 완전히 익을 때까지 반복하자.

자신이 정한 호흡량과 신체 에너지로 걸음을 걸을 수 있도록⋯ 왼쪽, 오른쪽, 어느 방향으로든지.

3) 감정 대입

이제 당신은 감정을 받아들일 수 있는 몸 상태로 기본 세팅을 마쳤다.

그렇다면 감정을 대입해 보자. 쉬운 것부터.

우선 팽창 관련 감정이다.

감격, 기쁨, 당당함, 만족감, 반가움, 사랑, 성취감, 자신감, 흐뭇함, 희열.

하나의 감정을 선택하고 해당 감정들에 대해 '감정 노트'에 적어 두었던 상황을 상상한다.

다음은 팽창의 움직임을 적용해서 움직여 보자.

호흡 시간(1초, 2초, 3초)에 따른 걸음과 제자리.

다음으로 수축 관련 감정이다.

걱정, 고민, 답답함, 두려움, 모멸감, 불안, 분노, 서글픔, 서러움, 자괴감, 증오.

방법은 팽창과 동일하다.

이 과정에서 어느 감정과 어떤 움직임과 호흡에 편안하게 매칭이 되는지 찾게 되면 이를 '감정 노트'의
해당 감정에 그래프를 그려 위치를 표시한다.

그렇게 하면 나중에 해당 감정을 확인할 때 바로 이해할 수 있으며 이를 실전에도 활용할 수 있게 된다.

간혹 감정을 대입하다 보면 호흡과 신체가 다르게 반응하는 경우가 있다.

몸은 수축되는데 호흡은 팽창으로, 호흡은 수축되지만 몸은 팽창되는….

강한 분노와 증오심, 적개심 등을 호흡에만 대입해 보라.

그 상태에서 복수에 대한 기대감, 다짐, 희망 등을 연상해 보라.

몸이 어떻게 반응하는가?

온몸에 긴장이 생기고 주먹이 강하게 쥐어지며 때론 온몸을 짜내는 듯한 수축으로, 때론 온몸이 확장되는 듯한 팽창으로 반응할 것이다.

결국 호흡과 신체를 통한 다양한 시도를 통해서 자신이 원하는 감정에 도달하는 방법을 터득해야 할 것이다.

이제 '감정 노트'가 왜 중요한지 이해가 될 것이다.

감정에 관련된 모든 것을 기록하고 훈련하고 이를 실전에 활용할 수 있도록 관리한다면 평생 자신만의 연기 자산으로 활용할 수 있기 때문이다.

그럼 한 걸음 더 나아가 보자.

감정과 호흡, 움직임에 대한 어느 정도 감이 잡히면 다음은 여기에 소리를 내뱉는다.

무엇인가를 만들려고 하지 말고 그냥 호흡에 실어 내뱉는다는 느낌으로 팽창은 '와'로 수축은 '아' 또는 '으'로 소리 내 본다.

이 과정에서 감정별로 가장 편하고 와닿는 지점을 찾아 반복하고 이를 조금 더 강하게, 조금 더 약하게 조절해 본다.

연습 과정에서 의도하지 않게 느껴지는 다른 감정이 있다면 이 또한 '감정 노트'에 해당 내용을 기록하자.

4) 미세한 감정 접근

감정 대입에 관한 기본적인 내용이 숙지되었다면 지금부터는 호흡에만 집중한 감정으로의 접근이다.

위 과정을 통해 터득한 감정별 호흡과 신체의 유기적 관계를 바탕으로 보다 섬세하게 감정에 접근하도록 하자.

당초 감정 그래프의 세로축을 4단계로 구분했던 것을 기억할 것이다.
그래프상 팽창과 수축 호흡량의 25% 지점을 각각 들숨과 날숨으로 구분하였다.

이제 우리는 훈련 과정을 통해 호흡량 25 지점을 알게 되었다.
그리고 25 지점에 해당하는 호흡을 각각 1초, 2초, 3초 동안 호흡하는 방법도 알고 있다.

이 25를 반으로 나누자. 12.5.
그 상태에서 1초, 2초, 3초 호흡을 해 보자.
단, 움직이지 말고 제자리에서 몸의 에너지는 신경 쓰지 말고.

여기에 팽창은 감사, 기대감, 다정함, 설렘, 존경심, 흐뭇함을 느껴 보자.
수축은 동정심, 미안함, 불쌍함, 서운감, 쑥스러움, 애처로움, 어색함, 초조함을 느껴 보자.

그 다음은 12.5의 절반.
여기에는 1초 호흡만을 반복하며 위의 감정을 그대로 적용해 보자.

정리해 보면 감정별로 호흡과 신체의 영향이 필요한 부분과 신체의 영향 없이 호흡만으로도 접근 가능한 감정의 영역이 있다는 사실이다.
단, 이를 모든 사람에게 동일하게 적용할 수는 없다.
살아온 과정에 따른 감정의 인지 능력, 개인별 감정에 대한 이해도 등에 차이가 있기 때문에 본인이 직접 느끼는 감정과 호흡, 신체의 상관관계는 본인만이 알 수 있는 영역이다.
하여 이를 반드시 '감정 노트'에 기록하고 관리하여 자신의 연기 자산으로 활용해야 한다.

당신은 하루 중 연기 학습 또는 트레이닝을 위해 얼마의 시간을 할애하고 있는가?

운동선수가 하루 24시간 중 운동에 할애하는 시간은 얼마일까?
취업 또는 자격시험을 준비하는 사람은 하루 중 얼마의 시간을 공부에 할애할까?
자영업을 하는 사람은 하루 중 얼마의 시간을 생업에 할애할까?

배우를 꿈꾸며 어떤 이들은 연기 트레이닝보다 노래나 춤 같은 특기에 목을 매는 경우도 있다.
신체적 장애가 없고 대사를 외울 수 있는 정도의 지능만 가지고 있다고 연기를 할 수 있는 것은 결코 아니다.

온몸의 감각을 깨워 세포 하나하나가 살아 있는 상태에서 호흡과 움직임, 감정을 더해 배역으로 몰입되는 과정을 거쳐야만 살아 있는 연기에 도달할 수 있다.

그러기 위해 일상에서 자신만의 연기 트레이닝법을 찾아 꾸준히 훈련해야 한다.
어설픈 몸짓과 화술로 자신에게 맞지 않는 다른 사람의 옷을 걸쳐 입고 연기해선 안 된다.

몇 번은 통할지 모른다.
하지만 5년 뒤, 10년 뒤 그런 이는 분명 연기의 길을 떠나 다른 길을 걷게 된다.

그러지 않기 위해 스스로를 훈련시켜라.
당신의 부모든, 형제든, 친구든 그 누구도 당신을 강제로 훈련시킬 수 없다.
당신은 예술 상품이다.
당신 스스로 최고의 상품을 만들어라.
깎고 다듬고 연마해서 스스로 빛내라.
포장만 그럴듯하고 내용물은 빈약한 선물 상자는 그 누구도 거들떠보지 않는다.

명심하라. 하루를 온전히 자신에게 투자하라.
유동인구가 많은 거리나 시장에서 사람들을 관찰하고 연구하고 행동을 파악해 '감정 노트'에 정리하라.
영화나 연극 작품을 관람하고 출연진의 연기를 분석하고 좋은 점과 부족한 점을 기록하라.
그리고 발견한 부족한 부분을 자신이 채울 수 있는 방법을 찾아라.
만화책, 시집, 소설, 대본 가리지 말고 상상에 도움이 되는 책은 무조건 다 읽어라.
독백 대사를 10개 이상 암기하고 자신이 알고 있는 모든 감정을 대입해 중얼거려라.
자신만의 트레이닝 방법을 만들어 매일 반복하라.
하루에 5가지 연기적 소재를 찾아 기록하라. 1년이면 1,825개의 소재를 갖게 될 것이다.

1년만 실천해 보라.
눈부시게 달라져 있는 자신을 발견할 것이다.

반대로 이를 실천할 자신이 없다면 그냥 연기를 포기하는 편이 낫다.

연기자의 길은 당신이 생각하는 것보다 훨씬 더 고되고 힘들다.

5) 화술

초보 연기자의 대부분은 성급한 마음에 대본에 나와 있는 대사를 어떻게든 그럴싸하게 말하려고 노력한다.

이런 이유로 화술에 집착하는 경향을 흔히 보았다.

그런데 문제는 화술을 배운다고 나아지는 사람을 별로 보지 못했다.

당연한 결과이다.

말을 배운다고?

당신은 말을 배웠는가?

물론 갓난아기가 처음 말을 배울 때 부모로부터 '엄마', '아빠'를 지속적으로 강요받다가 어느 순간 '엄마' 또는 '아빠'와 비슷한 소리를 내뱉으며 말을 시작한다.

그 다음은 어떤가?

말을 배우기 위해 어떠한 교육 과정을 거쳤는가?

당신은 이미 당신이 어떠한 감정일 때 어떤 말을 하는지 알고 있다.

오해 없길 바란다.

말을 하는 그 내용을 말하는 것이 아니다.

어떤 호흡으로 어떠한 음의 세기로 어떠한 부분을 어떻게 강조하며 말하는가를 알고 있다는 뜻이다.

다만, 지금껏 자신의 말을 정확히 들어 본 적이 없을 뿐이다.

마치 헤드폰을 쓰고 말하듯 그저 생각 없이 말을 내뱉기만 했을 뿐 자신의 말과 소리를 귀 기울여 경청해 본 적이 없기에 정확히 인지하고 있지 못할 뿐이다.

어쨌든 말은 자신의 감정을 바탕으로 관련된 내용을 입 밖으로 내던지면 된다.

'말'의 사전적 의미 또한 '사람의 생각이나 느낌 따위를 목구멍을 통하여 조직적으로 나타내는 소리'이다.

따라서 말을 제대로 하려면 화술에 집착하지 말고 해당 감정을 정확히 사용하여 소리를 내면 된다.

이미 해 보았다.

일부 감정에 대해 팽창 '와', 수축 '아', '으'를 사용해 소리 내 보았다.
그러니 이제 모든 감정에 적용해 보자.
아무 소리라도 상관없다.
'감정 노트'를 펼쳐 놓고 감정별로 해당되는 상황을 연상하고 호흡과 신체를 해당 감정에 일치시킨 다음 확인되면 당신이 내고 싶은 어떤 소리라도 내어 보라.

가장 쉽고 익숙한 감정부터 시도해 보라.
접근이 어려운 감정이 있다면 표시하고 지속적으로 반복하라.

거친 숨소리든, 신음이든, 이를 악무는 소리든, 환호성이든 무엇이든 상관없다.
들을 수 있는 아무 소리라도 내어 보고 반드시 기억하라.

그래야 다음 단계로 넘어갈 수 있다.

소리를 기억하였는가? 호흡도 기억하였는가? 소리의 세기도 기억하였는가? 몸의 상태도 기억하였는가?

그렇다면 그 소리를 '예'로 바꾸어 기억된 모든 것과 일치되게 똑같이 내뱉어라.

280가지 감정 중 할 수 있는 한 최대치로.

다음으로 동일한 감정을 두 가지의 '예'로 말하라.

하나는 대답의 '예' 다음은 질문의 '예?'

당신이 이것을 제대로 280개 감정에 적용할 수 있다면 말하는 방법 560가지를 찾은 것이다.

다음 과정으로 음절을 하나씩 늘리는 것이다.

'예' 한 음절에서 '맞아' 두 음절로.
방법은 '예'와 동일하다. 대답과 질문 "맞아! 맞아?"를 280개 감정에 대입해서.

어설프게 서두르지 마라.
'예' 한 음절도 똑바로 말하지 못하면서 무슨 장문의 대사를 할 것인가?

감정으로 말을 내뱉는 훈련이다.
지금은 280개 감정에 대한 2가지 말하는 방법 같지만 향후 감정의 에너지 1~80% 사이를 적용하면 말하는 방법은 수만 가지가 된다.

그러니 무조건 해야 한다.
대신 '예' 과정에서 정확히 확인된 감정만 한 음절씩 늘려 가며 훈련하라.

한 음절 "예! 예?"가 되었다면
다음은 두 음절 "맞아! 맞아?"
다음은 세 음절 "그랬어! 그랬어?"
다음은 네 음절 "정말이야! 정말이야?"
다음은 다섯 음절 "내가 그랬어! 내가 그랬어?"
다음은 여섯 음절 "예상도 못 했어! 예상도 못 했어?"
다음은 일곱 음절 "그렇게 생각했어! 그렇게 생각했어?
다음은 여덟 음절 "아무것도 아니라고! 아무것도 아니라고?"
다음은 아홉 음절 "이럴 줄은 예상 못 했어! 이럴 줄은 예상 못 했어?"
다음은 열 음절 "간단하게 해서 밥 먹었어! 간단하게 해서 밥 먹었어?"

어떤 감정에 대입해도 할 수 있는 말들이다.
한 감정에 한 음절부터 열 음절까지 적용해서 확인하고 다음 감정으로 넘어가는 것이 좋다.
하나의 감정을 통해 정확히 이 훈련법을 인지하게 되면 다른 감정들에 적용하기가 보다 수월할 것이다.

6) 감정 전환(호흡 전환)

지금껏 감정에 접근하는 방법에 집중했다.
그렇다면 감정에서 빠져나오는 방법에 대해 살펴보자.

흔히들 감정 전환은 호흡 전환이란 말을 한다.
그런데 그 방법은?

감정으로 정리해 보자.

엄마가 주방에서 요리를 하고 계신다.
엄마에게 할 말이 있어 엄마 등 뒤에 서 있는데 엄마가 무심코 돌아보다 나를 발견하고 깜짝 놀라며
"엄마야… 놀래라" 하고 내 등짝을 후려쳤다.

지금껏 살아오며 한 번쯤은 경험해 보지 않았을까 싶다.

감정은 '놀람'과 '안도' 또는 '놀람'과 '짜증'.

사람이 놀라면 보통은 호흡을 멈춘다. 그리고 짧거나 긴 숨을 내쉬고 놀란 감정을 정리한다. 멋쩍은 웃음을 짓는 경우 또한 내쉬는 숨에 속한다.

이걸 호흡 순서대로 나열해 보자.
엄마가 나를 발견하고 놀라며 숨을 멈춘 상태에서 "엄마야" 소리치고, 긴 숨을 내쉰 다음 "놀래라" 했다.
'안도'에 부합되는가? '짜증'에 부합되는가?
다음으로 동일하게 "엄마야" 소리치고, 짧은 숨을 잠깐 내쉬고 "놀래라" 했다.
'안도'에 부합되는가? '짜증'에 부합되는가?

전자의 경우는 '안도', '짜증' 모두 어색하지 않다.
그러나, 후자의 경우 '짜증'이 더 어울린다.

당신의 생각은 어떠한가?

호흡 전환은 감정의 회복이라고 생각하는 편이 좋다.

감정 그래프를 상기해 보면 팽창과 수축 중앙에 기준점 0이 있다.

팽창과 수축의 어느 영역에 해당하는 감정으로 접어드는 과정은 0의 상태에서 감정의 변화 요인 즉, 어떠한 자극을 통해 0에서 호흡과 신체의 변화를 수반하며 해당 감정의 영역으로 감정선이 이동하는 것이다.

이렇게 발생한 감정은 자극이 지속되는 시간만큼 유지되다 다시 원래 평온했던 0 상태로 복귀하려는 성질을 가지고 있다.

상당한 호흡과 에너지가 소모되는 영역의 감정에 노출되면 뇌와 신체상에 가해지는 스트레스 역시 상당하기에 본능적으로 스스로를 보호하기 위해 0 지점으로 감정을 회수하며 호흡과 신체에 안정을 기하기 때문이다.

한숨을 쉬거나 콧방귀를 하거나 탄식을 하거나 흐느낌의 호흡이 잦아지는 등 이전의 호흡에서 다른 형태로 호흡이 전환되며 감정의 안정을 찾는 경우들이다.

연기는 이러한 본능을 거스르는 작업이다.
장면에서 필요한 연기를 함에 있어 지속적인 감정의 유지가 요구되곤 한다.
그러나 우리의 본능은 무의식적으로 그러한 감정을 다시 회수하려고 노력한다.

초보자들이 주의해야 하는 부분이 여기에 있다.

『햄릿』의 대사 일부이다.

> 햄릿: 어머니, 무슨 일입니까?
> 왕비: 햄릿, 넌 네 아버님을 몹시 분노케 만들었구나.
> 햄릿: 어머니, 어머님은 제 아버님을 몹시 분노케 만드셨습니다.
> 왕비: 아니, 그런 무례한 대답이 어디 있느냐?
> 햄릿: 아니, 그런 무엄한 질문이 어디 있습니까?

왕비: 대체 왜 이러느냐?

햄릿: 대체 왜 이러십니까?

왕비: 넌 나를 잊었느냐?

햄릿: 한시라 잊을 리가 있습니까? 어머님은 이 나라의 왕비이시고 어머님의 남편의 남동
생의 아내이십니다. 그리고 안됐지만 저의 어머님이십니다.

왕비: 안 되겠다. 너하고는 말을 할 수가 없구나.

햄릿: 어디 가십니까? 자리에 앉으십시오. 여기서 한 발짝도 못 가십니다. 어머님의 마음속
깊은 곳을 거울에 환히 비춰 보시기 전에는 아무 데도 못 가십니다.

왕비: 무슨 짓을 할 셈이냐? 설마 날 죽일 작정이냐? 누구 없느냐! 게 아무도 없느냐!

이 장면은 햄릿의 숙부인 클로디우스가 햄릿의 아버지 선왕을 독살하였다는 연극을 선보인 뒤 햄릿의
어머니이자 왕비인 거트루드를 만나는 장면이다.

앞으로 당신이 대본을 보게 된다면 우선 장면별 인물에 대한 1차 감정을 선정해야 한다.
1차 감정이란 대사, 즉 말을 하기 전의 기본 감정이라고 생각하면 된다.

'감정 노트'를 펼쳐 보라. 그리고 위 장면에서 각 인물에 해당되는 1차 감정을 찾아보자.

햄릿은 자신의 아버지인 선왕의 유령을 만나 숙부가 아버지를 독살하여 왕위를 찬탈하고 심지어 형수
를 아내로 맞이한 사실에 분개하고 있으며 이를 확인하기 위해 독살 과정을 연극으로 선보였다.

그 후 어머니를 찾아왔으니 어떠한 감정 상태일까?

분노? 증오?
누구에 대한? 어머니에 대한? 왜?

어머니를 의심하지만 확신은 없다. 그저 미심쩍은 상태이다.

당신의 몫이다. 선택해 보라.
당신이 선택한 감정을 1차 기본 감정으로 햄릿에게 부여한다.

어머니 왕비는 어떠한가?

햄릿이 선보인 연극을 자신의 남편인 왕이 무슨 이유에선지 충격을 받은 점에 대해 탐탁지 않게 여기고 있던 차에 폴로니우스가 엄히 햄릿을 꾸짖으라고 조언을 한다.

어떤 감정일까?

이제 두 인물에게 당신은 1차 감정을 부여하였다.
그 상태에서 두 인물은 각각의 감정을 지닌 채 서로를 대면한다.

우선 햄릿의 첫 대사를 살펴보자.

　　햄릿: 어머니, 무슨 일입니까?

당신이 선택한 1차 감정으로 말해 보자.
여기서 관찰해야 할 것은 대사를 하면서 호흡량이 어떻게 변하는가이다.
몇 %에서 몇 %로 줄어드는지 관찰하라.

10%? 20%? 얼마나 줄어들었는가?
감정은 잘 유지되고 있는가?

말을 하다 보면 자연스레 호흡량이 줄어들게 되는데 초보자의 경우, 이 과정에서 한숨을 내쉬듯, 풍선에서 바람이 빠지듯 맥없이 호흡이 빠져나가면서 호흡 전환이 발생되는 경우가 많다.

다시 말하지만 호흡 전환은 감정 전환이다.
대사를 하면서 호흡이 한숨 형태로 빠져나가면 자신도 모르게 감정 전환이 발생한다는 뜻이다.

다시 해 보자.
당신이 정했던 감정이 계속 지속되고 있는가?
아니면, 자신도 모르게 감정의 힘이 빠지고 있는가?

말을 하기 위해서는 당연히 호흡이 빠져나가게 된다.

문제는 호흡이 빠져나가면서 최초 설정한 감정의 호흡량 아래로 내려간다는 것이다.

수치로 살펴보자.

만약 당신이 어머니에 대한 의구심을 1차 감정으로 선택하였다고 가정하자.

들숨인가? 날숨인가? 호흡의 양은 몇 %인가?

긴장된 상태의 의구심이라면 몸이 수축된 상태의 들숨일 것이고 분노와 섞여 있다면 최소 25% 이상일 것이다.

25%의 호흡을 확인하고 말해 보라. 25%가 유지되는가?

당연히 말을 하며 호흡이 10% 이상 빠지게 될 것이다.

결국 감정이 10% 감소하게 된다는 뜻이다.

이 상황에서 감정이 더 고조되어도 부족한 마당에 오히려 감정이 감소하다니 있을 수 없는 일이다.

이러다 보니 연출자는 연기에 힘이 없다고 말하게 되고 초보자는 힘을 내고자 소리만 더 강하게 내지르게 된다.

해법은 설정된 최초의 호흡에서 말을 하기 위한 호흡만큼 더 보충하는 것이다.

1차 감정에 따른 호흡 25%를 유지하라. 그 상태에서 기본 호흡을 가져가라. 숨은 쉬어야 하니.

들숨 25% 채우고 3%의 기본 호흡을 해 보자. 들이마시면 28%, 내쉬면 25%가 되도록.

다음은 말을 하기 직전에 바로 10%의 호흡을 빠르게 들이마셔 보충하고 "어머니" 대사 후 호흡 멈추고, "무슨 일입니까?" 대사를 하는데 이 말을 하고 나서 확인했을 때, 잔여 호흡이 그대로 25%가 유지되어야 한다.

당신이 선택한 1차 감정이 어머니에 대한 실망이라고 가정하자.

날숨의 영역이다. 이 또한 호흡량 25%를 설정해 보자.

호흡과 신체 에너지를 25% 지점에 맞추고 기본 호흡 3%를 가져가자.

이렇게 하면 호흡량은 들이마시면 22%, 내쉬면 25%가 될 것이다.

날숨의 경우 호흡의 보충 없이 25% 지점에서 그대로 "어머니" 대사 후 호흡 멈추고, "무슨 일입니까?"

대사까지 마무리하고 호흡을 들이마셔 보충하는데 25% 지점에 도달하게 해 보자.

여기에서 주의할 점은 날숨의 영역에서는 대사를 위해 호흡이 날숨으로 진행되기에 신체에는 수축의 에너지가 호흡만큼 더해져야 한다는 것이다.

앞서 실망감을 날숨 25% 지점에 호흡과 신체가 일치되도록 하였다.

대사 과정에서 호흡 10%가 빠져 35%가 되면 신체 에너지 또한 35%가 되어야 한다는 것이다.

호흡이 35%로 수축의 영역으로 진입하였으나 신체 에너지는 25%에 고정되어 있다거나 한숨 형태의 호흡 전환으로 신체 에너지가 반대로 15%로 이완되는 현상이 발생하는 것이다.

하여 날숨 영역의 감정에서 호흡과 신체 에너지의 일치는 들숨보다 어렵다.

호흡과 신체를 수축의 영역으로 더 단단히 누른다는 느낌으로 접근하는 훈련을 해야 한다.

날숨 25% 지점에서 대사를 하는데 들숨과 동일하게 10%의 호흡이 필요하였다면 결국 35% 지점까지의 호흡과 신체 에너지를 함께 보냈다가 25%로 복귀하는 과정이라고 생각하면 된다.

날숨 감정들을 위한 수축 훈련으로 몸 안의 공기를 모두 제거하는 진공 호흡 훈련을 추천한다.

이는 소리가 나지 않는 무성훈련으로 일상에서 환경의 제약 없이 언제 어디에서든 할 수 있다.

방법은 평상시 호흡에서 4초간 몸 안에 공기가 다 빠져나가도록 호흡을 끝까지 내뱉는다.

진공 상태가 느껴지면 4초간 정지.

그리고 평상시 호흡으로 복귀.

당신의 몸 상태에 따라 반복 횟수는 정하면 된다.

날숨 영역의 감정들에 대해 호흡과 신체 에너지가 대사로 인해 풀어지지 않도록 명심하자.

아직 이 개념에 대해 이해하지 못하였다면 날숨의 대사를 할 때 가볍게 주먹을 쥐어 보라.

신체 에너지가 보충되어 감정 유지에 도움이 될 것이다.

7) 복합 감정

복합 감정이란 여러 가지 감정이 복잡하게 얽혀 있는 경우이다.

일상에서 우리는 심심치 않게 억울한 상황과 직면한다.
부모가, 친구가, 연인이 내 말을 믿어 주지 않을 때 보통 그렇다.

당신은 억울하면 어떤 감정이 드는가?

답답하고, 짜증나고, 화나고, 어이없고, 슬프고, 안타깝고, 자괴감, 배신감, 실망감, 원통함….

그럼 이 감정이 한 번에 도출되는가?
잘 생각해 보자.
동시다발인 것 같지만 속도의 차이가 분명히 있다.
상대의 반응이 감정의 변화를 주도한다.

억울할 때 당신은 어떤 말을 주로 하는가?
"아니야", "아니라니까", "내가 안 그랬어", "나 못 믿어?"

이쯤 되면 바로 준비하자.
억울은 들숨의 영역인가? 날숨의 영역인가?
감정 그래프 어디에 위치하는가?
호흡의 양과 신체 에너지는?

최초 10% 지점에서 부드럽게 시작해 보자. "에이, 아니야."
상대의 반응이 시큰둥하다. 어떤 감정이 드는가? 황당함으로 가 보자.
감정 전환을 위해 짧은 탄식을 내뱉고 황당 20%에 가서 "나 못 믿어?"
못 믿겠단다. 어이없다. 긴 한숨. 열받는다. 들숨 50%까지 숨을 들이마시고 "아니라고" 소리친다.

'뭘 잘했다고 큰소리냐'란다. 미치겠다. 강한 한숨. 날숨 50%의 답답함으로 가서 70%까지 호흡을 단단히 짜내며 "정말, 아니라고."

1차 감정에 기초한 복합 감정도 살펴보자.
바로 앞 단원에서 언급했던 내용이다.

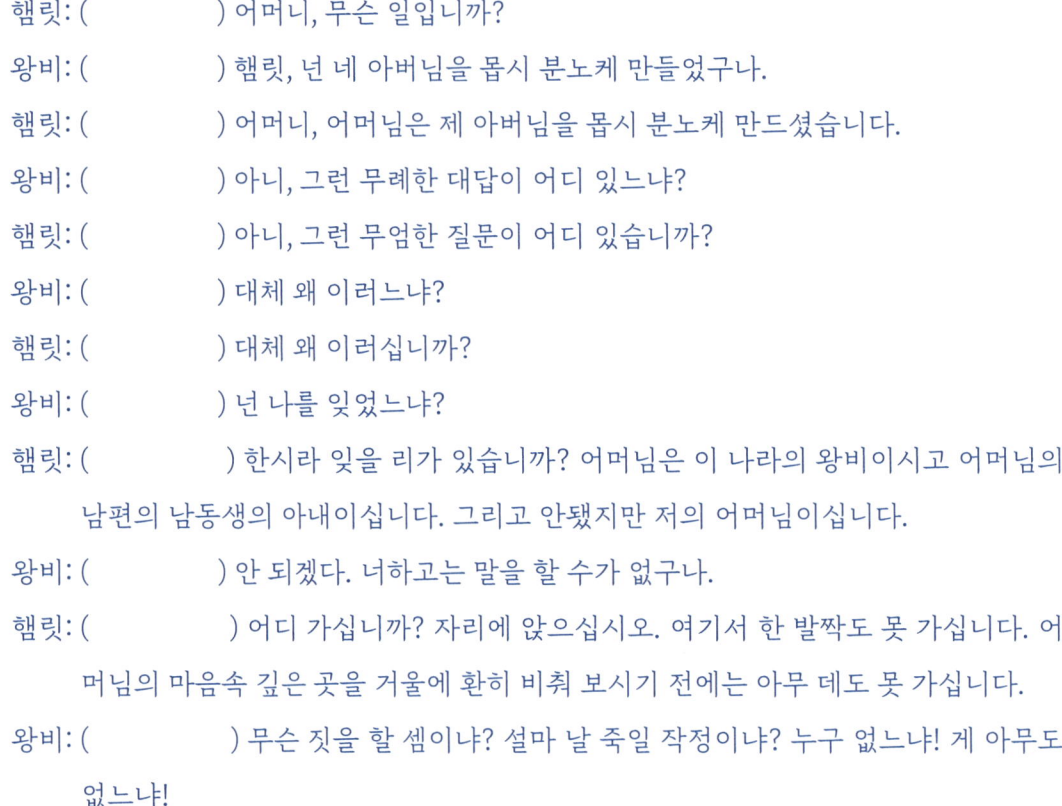

햄릿: (   ) 어머니, 무슨 일입니까?
왕비: (   ) 햄릿, 넌 네 아버님을 몹시 분노케 만들었구나.
햄릿: (   ) 어머니, 어머님은 제 아버님을 몹시 분노케 만드셨습니다.
왕비: (   ) 아니, 그런 무례한 대답이 어디 있느냐?
햄릿: (   ) 아니, 그런 무엄한 질문이 어디 있습니까?
왕비: (   ) 대체 왜 이러느냐?
햄릿: (   ) 대체 왜 이러십니까?
왕비: (   ) 넌 나를 잊었느냐?
햄릿: (   ) 한시라 잊을 리가 있습니까? 어머님은 이 나라의 왕비이시고 어머님의
　　　　남편의 남동생의 아내이십니다. 그리고 안됐지만 저의 어머님이십니다.
왕비: (   ) 안 되겠다. 너하고는 말을 할 수가 없구나.
햄릿: (   ) 어디 가십니까? 자리에 앉으십시오. 여기서 한 발짝도 못 가십니다. 어
　　　　머님의 마음속 깊은 곳을 거울에 환히 비춰 보시기 전에는 아무 데도 못 가십니다.
왕비: (   ) 무슨 짓을 할 셈이냐? 설마 날 죽일 작정이냐? 누구 없느냐! 게 아무도
　　　　없느냐!

괄호에 '감정 노트'를 펼쳐 놓고 해당 대사에 부합되는 감정을 기재하라.
단, 하나라도 동일하여서는 안 된다.

앞서 당신이 선택한 1차 감정의 호흡과 신체 에너지 비율(%)로 세팅한다.

다음은 순차적으로 괄호에 기재한 감정으로 이동해 보라.
해당 감정에 대한 호흡과 신체 에너지 비율(%)에서 감정이 전환될 때 호흡 전환(짧거나 긴 한숨, 웃음)을 사용하고 호흡이 복귀되었을 경우에도 최초 1차 감정의 호흡과 신체 에너지 비율(%)에서 벗어나지 않도록 유지해야 한다.

다시 정리하면 1차 감정은 장면 시작점의 인물별 감정이다.

이 1차 감정은 설득 또는 이해를 통해 해소되기도 하지만 스스로 사라지진 않는다.

햄릿이 어머니(왕비)를 찾아올 당시의 감정(의구심, 실망감)이 사라질 만한 이유가 있는가?

어머니(왕비)가 햄릿을 기다릴 당시의 감정(걱정, 괘씸)이 사라질 만한 이유가 있는가?

오히려 각자 1차 감정이 더욱 증폭되고 있지는 않은가?

그렇다면 인물의 1차 감정에 당신이 선택한 괄호의 감정을 어떻게 대입할 것인가?

뿐만 아니라, 상대가 말하고 있을 때는 어떤 감정인가?

여기에서 많은 이들이 벽에 부딪힌다.

심지어 자신의 대사에는 감정이 폭발했다가 타인의 대사에서는 멍하니 서 있다가 다시 자신의 대사에 감정이 폭발하는 경우도 보았다.

답은 뻔하다.

상대 배역의 대사 감정에 대한 본인 배역의 반응, 감정 등을 추가하여 자세히 기재하라.

아래는 햄릿 배역을 중심으로 작성한 예시이니 참고만 하고 꼭 자신만의 방식으로 직접 해 보길 바란다.

햄릿 1차 감정 의구심, 왕비 1차 감정 괘씸이라 가정하자.

> 햄릿: (의구심 30%) 어머니, 무슨 일입니까?
> 왕비: (괘씸) 햄릿, 넌 네 아버님을 몹시 분노케 만들었구나.
> > ※ 아버님이란 말에 햄릿 반응, 왕비가 말하는 아버님은 현재 왕인 삼촌.
> 햄릿: (원망 50%) 어머니, 어머님은 제 아버님을 몹시 분노케 만드셨습니다.
> > ※ 생부를 독살한 계부 삼촌을 의심하며 어머니가 사용한 호칭을 원망.
> 왕비: (황당) 아니, 그런 무례한 대답이 어디 있느냐?
> > ※ 무례 말에 햄릿 반응, 무례는 어머니와 삼촌이 행했음.
> 햄릿: (분노 20%) 아니, 그런 무엄한 질문이 어디 있습니까?
> > ※ 삼촌과의 재혼이 부적절하기에 생부가 분노하였다 지적하는 햄릿에게 무례하다

하니 부왕 곧 왕권에 대한 도전으로 무엄하다고 분개.

왕비: (걱정) 대체 왜 이러느냐?

※ 아무것도 모르는 어머니에게 실망.

햄릿: (안타까움 40%) 대체 왜 이러십니까?

왕비: (심각) 넌 나를 잊었느냐?

※ 햄릿이 실성했다고 어머니가 생각하는 것 같아 좌절.

햄릿: (자조감 60%) 한시라 잊을 리가 있습니까? 어머님은 이 나라의 왕비이시고 어머님의 남편의 남동생의 아내이십니다. 그리고 안됐지만 저의 어머님이십니다.

※ 비아냥대며 어머니와 자신의 처지를 스스로 비웃음.

왕비: (절망) 안 되겠다. 너하고는 말을 할 수가 없구나.

※ 자신의 잘못을 알지 못하고 도피하는 어머니에 대한 격분.

햄릿: (간절 70%) 어디 가십니까? 자리에 앉으십시오. 여기서 한 발짝도 못 가십니다. 어머님의 마음속 깊은 곳을 거울에 환히 비춰 보시기 전에는 아무 데도 못 가십니다.

※ 어머니가 부디 진실을 마주하길 바라는 마음.

왕비: (공포) 무슨 짓을 할 셈이냐? 설마 날 죽일 작정이냐? 누구 없느냐! 게 아무도 없느냐!

왕비의 말에서 발견할 수 있는 반응 요소를 ※ 기호로 표기하고, 이 반응을 근거로 괄호 안의 감정들을 정해 보았다. 또한 그 감정을 선택한 이유 등도 기술하였다.

당신도 스스로 정리해 보라.

그리고 각 감정들에 호흡과 신체 에너지를 활용해 접근해 보고 이동해 보고 '감정 노트'에 작성한 행동(동작)들을 적용하고 어색한 부분은 다시 수정하고 반복하길 바란다.

당신은 햄릿이거나 왕비가 아니다.
그렇기에 스스로 감정이 발현될 수 없다.
외적 조건을 부여해야 한다.
장면에 부합되는 감정, 감정에 부합되는 호흡과 신체 에너지, 그리로 유사상황에서 도출되는 행동들까지.

인물의 감정을 직접 느껴야 한다.
느끼는 척해서는 안 된다.

그 인물들의 감정을 직접 느껴 말하고 행동해야만 관객과 청중은 당신을 통해 그 인물과 대면할 수 있게 될 것이다.

마지막으로 도입부에 언급하고 설명하지 않았던 예시를 마저 확인하자.

구로자와 아키라 감독의 〈나생문(羅生門)〉 '부인' 대사

> 부인: (산적에게 성폭행을 당한 후) 갔어요. 갔어요, 우린 이제 살았어요.
> (병적인 울음과 웃음)

감정은 물론 움직임까지 부여해 보자.

> 부인: (산적에게 성폭행을 당한 후)
> 1차 감정
> (   ) 갔어요.
> (   ) 갔어요,
> (   ) 우린 이제 살았어요.
> (병적인 울음과 웃음)

앞서 1차 감정에 대해 공포와 불안, 경계심, 모멸감, 수치심, 비참, 참담, 미안함, 자책감 등을 예로 든 바 있다.

극도의 혼란이다.
호흡과 신체 에너지가 일정할 수 있을까?
호흡과 신체 에너지를 들숨 75%와 날숨 75% 경계 사이에서 무작위로 이동과 멈춤을 반복해 보자.

들숨 75% → 날숨 50% → 들숨 30% → 날숨 10% → 들숨 50% → 날숨 75% → 들숨 10%

호흡의 시간(1초, 2초, 3초) 역시 불규칙하게 가져가자.
몇 차례 반복하다가 날숨 75%에서 공포에 집중하자.
온몸에 경련이 일어날 정도의 수축 상태로 호흡 멈추고 유지, 기본 호흡마저 조심스럽게 1% 들이마시

면 74%, 내뱉으면 75%.

그 상태에서 서서히 고개를 들어 주위를 본다. 왼쪽, 오른쪽.

공포라는 1차 감정을 유지한 채 설마 하는 의구심(믿지 못하고 두려워하는 마음)과 경계심으로 주위를 둘러보다 천천히 숨을 25% 들이마시며 날숨 50%로 진입(호흡 전환).

첫 번째 대사 "갔어요."

날숨 50%에서 호흡 유지한 채 기본 호흡 5%를 빠르게 가져가며 의구심과 경계심에 집중하고 좌우 주변을 신속하게 다시 확인한 뒤 빠르고 짧게 호흡 10%를 내뱉고 들숨 10% 영역까지 강하게 60%의 호흡을 웃음의 형식으로 들이마시며(호흡 전환) 안도의 영역으로 진입.

두 번째 대사 "갔어요."

숨을 들이마셔 들숨 70%의 기쁨과 날숨 50%의 비참함의 영역을 호흡으로 오가며 남편에게 기어가기 시작.
들숨 70%의 영역에서는 웃음을, 날숨 50%의 비참함의 영역에서는 울음을 쏟아 내며.

세 번째 대사 "우린 이제 살았어요."

마지막으로 감정이 들숨과 날숨의 75% 범위를 서로 오가며 폭발.

모든 장면과 대사를 이런 방식으로 기술하는 데는 무리가 따른다.
이 과정이 자연스럽게 이루어진다면 얼마나 좋겠는가?
하지만 그렇지 않다.
쉽게 적당히 이루어질 수 없는 일이기에 수단과 방법을 가리지 말고 터득해야 한다.

간혹, 어쩌다 감수성이 예민하고 마인드 컨트롤이 잘되는 타고난 사람도 있다.
당신도 그러한가?
아니라면 몸이 스스로 반응할 때까지 열심히 훈련할 수밖에….

그리고 노파심에 말하지만 예시는 이해를 돕는 도구일 뿐이다.

이는 참고만 할 뿐 당신만의 방법을 찾아라.

과거 자신이 했었던 작품의 대사 또는 독백 등에 본인이 어렵지 않게 접근할 수 있는 감정들부터 예시와 같이 감정, 호흡, 신체 에너지를 적용해 연습하라.

그리고 점차 난이도를 높여 접근에 어려움을 겪는 감정도 대입해 시도하라.

평이하고 무난한 감정들만으로 연습하면 결국 그 몇몇의 감정에만 매몰된다.

끊임없이 실패하고 끊임없이 재도전해라.

한 번에 성공할 수 있는 영역이 절대 아니다.

시시때때로 미세하게 감정을 바꿔 가며 동일한 대사를 반복해서 중얼거려라.

일상에서 어떠한 움직임을 하고 있든지 간에… 걷든지, 뛰든지, 앉아 있든지, 서 있든지 간에…. 분명 감정과 호흡과 신체가 일치되는 지점이 생겨난다.

그 순간을 놓치지 말고 '감정 노트'에 기록하라.

당신의 노트의 감정에 대한 기록이 하나씩 늘어날 때마다 그 노트는 점점 보물창고가 되어 갈 것이다.

흔히 "잘하고 싶은데 잘 안 돼요"라는 말을 한다.

무엇이 걱정인가?

잘하고 싶다면 잘하는 방법을 찾으면 된다.

절대 포기하지 마라.

당신은 의지도 있고, 마음도 있고, 준비도 되어 있다.

다만, 방법을 모를 뿐.

그러니 하면 된다.

지금의 절실함을 목표에 도달하는 그날까지 잊지 말고 기억하라.

인간의 내면에서 발현되는 감정이란 영역과 신체와 호흡을 다루며 이를 글로 설명하다 보니 다소 억지스러운 부분이 있었는지도 모르겠다.

쉽고 간단하게 정리한다고 하였는데 과연 독자들에게도 그러하였는지도 알 수 없다.

누군가에게는 도움이 될 수도 또는 그렇지 않을 수도 있겠으며 학자들에게는 말도 안 되는 이론이란 질책을 받을 수도 있을 것이다.

다만, 연기자의 길을 걷고자 희망하는 이들에게 조금이나마 도움이 되기를 바라는 마음 하나로 시작한 일이다.

연기자의 길이 얼마나 험난한지, 얼마나 힘겨운지, 얼마나 외로운지 그걸 알기에 시작한 것이다.

스무 살에 명동 삼일로창고극장에서 연기를 시작해 대학로를 거쳐 도립극단에서 활동하다 생활고를 견디지 못해 결국 무대를 떠나 문화예술회관, 문화재단, 예술단에서 극작, 연출, 공연기획/제작, 문화사업 등에 관여하며 보낸 시간이 어느덧 35년이 되었다.

그간 무수히 많은 연기자를 만나 작업을 해 보며 아쉬웠던 부분들을 하나하나 정리하다 보니 그 교차점에 '감정'이라는 것이 자리하고 있었고, 이 때문에 '감정 노트'의 필요성을 깨달아 노트를 만들고 훈련할 방법에 대해서도 고심하게 되었다.

하여 '감정 연기론'이라는 가설이 조금 미흡하더라도 너그럽게 이해해 주시길 바라고 싶다.

나는 당신이 A급 연기자가 되길 바란다.
배우가 될 수 있다면 더 기쁠 것이다.

요즘은 아무에게나 배우라는 호칭을 쓴다.

연기자가 아티스트면 배우는 마에스트로다.

누구에게나 부여할 수 있는 호칭이 아니란 뜻이다.

演技者(연기자), 펼칠 연(演) 기술 기(技) 사람 자(者).

영화나 연극 따위에서, 전문적으로 연기를 하는 사람.

俳優(배우), 배우 배(俳) 배우 우(優).

풀어쓰면, 사람 인(人) 아닐 비(非) 사람 인(人) 근심 우(憂)

그 사람이 아닌데 그 사람을 근심하며 연기하는 사람.

당신은 무엇을 꿈꾸는가?

부디 당신이 작품 속 인물의 감정에 정확히 접근하여 그 인물에 동화되고 그 인물로 살아 있음으로 관객과 청중으로부터 공감을 이끌어 내는 그런 멋진 배우가 되기를 응원한다.

감정 노트

1. 가소로움

사전적 의미	같잖아서 우스운 데가 있다. (상대의 말이나 행동이 터무니없고 하찮다고 느낌)
예 문	1. 나는 그의 제안이 무척 가소로웠다. 2. 말도 안 되는 소리를 그냥 듣고 있기가 가소롭다.
상 황 (구체적으로)	1. 2. 3.
동 작	1. 2. 3.
호 흡	

2. 가여움

사전적 의미	딱하고 불쌍함.
예 문	1. 나는 사고로 엄마를 잃은 아이가 너무 가여워 눈물을 흘렸다. 2. 난 도망치려고 안간힘을 쓰는 그 새가 너무 가여웠어.
상 황 (구체적으로)	1. 2. 3.
동 작	1. 2. 3.
호 흡	

3. 가증스러움

사전적 의미	몹시 괘씸하고 얄밉다.
예 문	1. 나는 그의 간사한 태도가 너무나 가증스러웠다. 2. 나는 자기 책임을 남에게 전가하는 그의 태도가 가증스럽기 그지없었다.
상 황 **(구체적으로)**	1. 2. 3.
동 작	1. 2. 3.
호 흡	

4. 각오

사전적 의미	앞으로 해야 할 일이나 겪을 일에 대한 마음의 준비.
예 문	1. 선수들은 이번 대회에서 꼭 우승하겠다고 각오를 다졌다. 2. 군인들은 싸움터에서 죽을 각오로 싸웠다.
상 황 **(구체적으로)**	1. 2. 3.
동 작	1. 2. 3.
호 흡	

5. 간사함

사전적 의미	나쁜 꾀가 있어 거짓으로 남의 비위를 맞추는 마음.
예 문	1. 방 첨지 마누라가 석림에게로 눈을 주며 간사하게 웃는다. 2. 사람 마음이 워낙 간사해서 제 편한 쪽으로만 따르게 되어 있다.
상 황 (구체적으로)	1. 2. 3.
동 작	1. 2. 3.
호 흡	

6. 간절함

사전적 의미	마음속에서 우러나와 바라는 정도가 매우 절실함.
예 문	1. 그는 담배 생각이 간절했다. 2. 그에 대한 사모의 마음이 간절하다.
상 황 (구체적으로)	1. 2. 3.
동 작	1. 2. 3.
호 흡	

7. 갈급함

사전적 의미	목이 마른 듯이 몹시 조급하다. 속이 마를 지경으로 몹시 바라다.
예 문	1. 수영을 배우러 갈 때면 늘 들뜨고 갈급한 마음이 된다. 2. 인생은 갈급해 하는 마음으로 살아야 한다.
상 황 (구체적으로)	1. 2. 3.
동 작	1. 2. 3.
호 흡	

8. 갈등

사전적 의미	두 가지 이상의 상반되는 요구나 욕구, 기회 또는 목표에 직면하였을 때, 선택을 하지 못하고 괴로워함.
예 문	1. 더 공부를 해야 할지, 결혼을 해야 할지 정말 갈등이다. 2. 누구나 어느 쪽이 옳은지 판단이 서지 않아 갈등을 느끼는 순간이 있다.
상 황 (구체적으로)	1. 2. 3.
동 작	1. 2. 3.
호 흡	

9. 갈망

사전적 의미	간절히 바람.
예 문	1. 졸업을 앞두고 내 마음은 행복에 대한 갈망으로 가득 차 있었다. 2. 배움에 대한 갈망.
상 황 (구체적으로)	1. 2. 3.
동 작	1. 2. 3.
호 흡	

10. 감격

사전적 의미	마음에 깊이 느끼어 크게 감동함.
예 문	1. 아직 해방의 감격이 온 누리를 뒤덮어 소용돌이칠 때였다. 2. 장모님의 따뜻한 배려에 수길이는 남몰래 감격의 눈물을 흘렸다.
상 황 (구체적으로)	1. 2. 3.
동 작	1. 2. 3.
호 흡	

11. 감동

사전적 의미	마음속 깊이 느껴 뭉클한 감정이 일어남.
예 문	1. 그 영화는 나에게 깊은 감동을 주었다. 2. 방 안에 있던 모든 사람들이 다 함께 벅찬 감동으로 축배를 들었다.
상 황 (구체적으로)	1. 2. 3.
동 작	1. 2. 3.
호 흡	

12. 감복

사전적 의미	감동하여 충심으로 탄복함.
예 문	1. 일에 대한 그녀의 열정엔 감복을 하지 않을 수 없다. 2. 김 판서는 우의정을 배상하고 성은에 감복하였다.
상 황 (구체적으로)	1. 2. 3.
동 작	1. 2. 3.
호 흡	

13. 감사

사전적 의미	고맙게 여기는 마음.
예 문	1. 영수는 할머니의 지극한 정성에 감사의 눈물을 흘렸다. 2. 진심으로 뜨거운 감사를 드립니다.
상 황 (구체적으로)	1. 2. 3.
동 작	1. 2. 3.
호 흡	

14. 감응

사전적 의미	어떤 느낌을 받아 마음이 따라 움직임.
예 문	1. 벽에 걸린 그림을 보다가 기묘한 감응을 느꼈다. 2. 그는 아무 감응도 없는 듯 무표정한 얼굴로 나를 바라보았다.
상 황 (구체적으로)	1. 2. 3.
동 작	1. 2. 3.
호 흡	

15. 감탄

사전적 의미	감동하여 충심으로 탄복함.
예 문	1. 그는 땜장이의 감쪽같은 솜씨에 감탄을 금치 못했다. 2. 동해의 해돋이는 절로 감탄이 나올 만큼 장관이었다.
상 황 (구체적으로)	1. 2. 3.
동 작	1. 2. 3.
호 흡	

16. 강박감

사전적 의미	무엇에 눌리거나 쫓기는 느낌.
예 문	1. 그 여학생은 시험 때마다 꼭 일등을 해야 한다는 강박을 느꼈다. 2. 그는 강박 관념에 쫓겨 불안한 시간을 보냈다.
상 황 (구체적으로)	1. 2. 3.
동 작	1. 2. 3.
호 흡	

17. 개운함

사전적 의미	기분이나 몸이 상쾌하고 가뜬하다.
예 문	1. 시험을 치르고 나니 마음이 개운하다. 2. 개운치 않은 기분을 털어 버리기 위해서라도 술을 좀 더 마셔야겠다고 생각했다.
상 황 (구체적으로)	1. 2. 3.
동 작	1. 2. 3.
호 흡	

18. 거만함

사전적 의미	잘난 체하며 남을 업신여기는 마음.
예 문	1. 사람들을 업신여기는 듯 눈을 내리깔며 거만을 떠는 그 꼴이라니. 2. 그는 양미간에 주름을 잡고 거만하게 말했다.
상 황 (구체적으로)	1. 2. 3.
동 작	1. 2. 3.
호 흡	

19. 거부감

사전적 의미	어떤 것에 대해 받아들이고 싶지 않거나 물리치고 싶은 느낌.
예 문	1. 그녀가 박 사장의 딸이라는 사실만으로 나는 그녀에 대한 거부감이 앞섰다. 2. 나는 여자에 대해서 묘한 거부감과 함께 억제하기 힘든 화가 났다.
상 황 **(구체적으로)**	1. 2. 3.
동 작	1. 2. 3.
호 흡	

20. 걱정

사전적 의미	안심이 되지 않아 속을 태움.
예 문	1. 그는 학비 때문에 걱정이 많다. 2. 엄마는 언니 걱정만 하지 말고 내 걱정도 좀 해 줘요.
상 황 **(구체적으로)**	1. 2. 3.
동 작	1. 2. 3.
호 흡	

21. 격노

사전적 의미	몹시 분하고 노여운 감정이 북받쳐 오름.
예 문	1. 나는 몰염치한 그의 태도에 격노했다. 2. 태공은 혀를 깨물면서 이때의 격노를 눌렀다.
상 황 (구체적으로)	1. 2. 3.
동 작	1. 2. 3.
호 흡	

22. 격정

사전적 의미	강렬하고 갑작스러워 누르기 어려운 감정.
예 문	1. 유미는 자신의 광기와 격정을 가누지 못해 몸부림쳤다. 2. 잠시 후 그는 갑자기 격정에 찬 목소리가 되어 말했다.
상 황 (구체적으로)	1. 2. 3.
동 작	1. 2. 3.
호 흡	

23. 결심

사전적 의미	할 일에 대하여 어떻게 하기로 마음을 굳게 정함. 또는 그런 마음.
예 문	1. 그의 결심은 너무나 확고부동해 그의 어머니도 어쩔 수가 없었다. 2. 그는 새로운 결심과 각오로 출발을 했다.
상 황 (구체적으로)	1. 2. 3.
동 작	1. 2. 3.
호 흡	

24. 겸손

사전적 의미	남을 존중하고 자기를 내세우지 않는 태도나 마음.
예 문	1. 그녀는 겸손과 온유로 사람을 대한다. 2. 있을수록 거드럭거리지 말고 겸손해야 하는 법이다.
상 황 (구체적으로)	1. 2. 3.
동 작	1. 2. 3.
호 흡	

25. 겸연쩍음

사전적 의미	쑥스럽거나 미안하여 어색한 마음.
예 문	1. 그는 자기의 실수가 겸연쩍은지 씩 멋쩍은 웃음을 보였다. 2. 그는 마을에서 방울이를 마주 대하기가 겸연쩍어 피하는 입장이 되었다.
상 황 (구체적으로)	1. 2. 3.
동 작	1. 2. 3.
호 흡	

26. 겸허

사전적 의미	스스로 자신을 낮추고 비우는 태도나 마음.
예 문	1. 선생님은 항상 겸허한 마음으로 다른 사람을 대하였다. 2. 사람은 항상 뭇입을 귀담아들어 겸허하게 받아들여야 한다.
상 황 (구체적으로)	1. 2. 3.
동 작	1. 2. 3.
호 흡	

27. 경각심

사전적 의미	사태의 심각성을 깨달아 경계하고 조심하는 마음.
예 문	1. 항상 예기치 못한 자연재해에 대한 경각심을 늦춰서는 안 된다. 2. 앞으로 닥칠 위험에 대한 경각심이 보광당을 강철 같은 조직으로 만들었다.
상 황 (구체적으로)	1. 2. 3.
동 작	1. 2. 3.
호 흡	

28. 경계심

사전적 의미	경계하여 조심하는 마음.
예 문	1. 나는 갑자기 친한 척을 하며 접근하는 그녀에게 경계심을 품었다. 2. 그 시선에는 여자다운 수치심과 경계심이 담겨 있었다.
상 황 (구체적으로)	1. 2. 3.
동 작	1. 2. 3.
호 흡	

29. 경멸

사전적 의미	깔보아 업신여기는 마음.
예 문	1. 그녀의 눈은 나에 대한 경멸로 가득 차 있었다. 2. 나는 험악하게 생긴 지게꾼의 얼굴에 경멸이 스치는 걸 놓치지 않았다.
상 황 (구체적으로)	1. 2. 3.
동 작	1. 2. 3.
호 흡	

30. 경외심

사전적 의미	공경하면서 두려워하는 마음.
예 문	1. 그의 신비스러운 행적은 사람들에게 경외심을 불러일으켰다. 2. 시어머니에다 심한 학력 차이에서 저절로 생겨난 동영에 대한 경외심이 겹치니…
상 황 (구체적으로)	1. 2. 3.
동 작	1. 2. 3.
호 흡	

31. 경이감

사전적 의미	놀랍고 신기하게 여김.
예 문	1. 그는 사랑이라는 환희로운 경이감에 사로잡혀 있다. 2. 나는 화성 탐사선이 보내온 사진을 보며 느꼈던 경이감을 잊지 못한다.
상 황 (구체적으로)	1. 2. 3.
동 작	1. 2. 3.
호 흡	

32. 고뇌

사전적 의미	괴로워하고 번뇌함.
예 문	1. 영수는 고뇌에 찬 결단을 내렸다. 2. 고뇌와 갈등은 인간이라면 누구나 느끼는 실재적 감정이다.
상 황 (구체적으로)	1. 2. 3.
동 작	1. 2. 3.
호 흡	

33. 고독감

사전적 의미	세상에 홀로 떨어져 있는 듯이 매우 외롭고 쓸쓸함.
예 문	1. 하은이를 만나면 마음의 위안을 느끼기는커녕 더 심한 고독감에 사로잡혔다. 2. 천상천하에 나 혼자만이 있는 것 같은 고독감.
상 황 (구체적으로)	1. 2. 3.
동 작	1. 2. 3.
호 흡	

34. 고립감

사전적 의미	남과 사귀지 않거나 남의 도움을 받지 못하여 홀로 된 느낌.
예 문	1. 정신적 긴장이 계속되면 초조감, 고립감, 소모감 등 문제가 생기기도 한다. 2. 이민 생활에서 가장 큰 애로는 문화와 관습의 차이에서 오는 고립감이다.
상 황 (구체적으로)	1. 2. 3.
동 작	1. 2. 3.
호 흡	

35. 고마움

사전적 의미	고맙게 여기는 마음이나 느낌.
예 문	1. 자신의 생각을 긴 말로 피력해 준 그의 노력에 오히려 고마움을 느꼈다. 2. 어둠 속이지만 그의 창백한 얼굴이 고마움과 부끄럼으로 달아올랐다.
상 황 (구체적으로)	1. 2. 3.
동 작	1. 2. 3.
호 흡	

36. 고민

사전적 의미	마음속으로 괴로워하고 애를 태움.
예 문	1. 정말 오늘 밤에 오면 어떻게 대처할까 하고 그녀는 고민에 고민을 거듭했다. 2. 가야 할지 말아야 할지가 고민스럽다.
상 황 (구체적으로)	1. 2. 3.
동 작	1. 2. 3.
호 흡	

37. 곤혹감

사전적 의미	곤란한 일을 당해 어찌할 바를 모르는 느낌.
예 문	1. 선생님은 곤혹감을 감추지 못했다. 2. 언론사의 과장 보도에 곤혹감을 드러냈다.
상 황 (구체적으로)	1. 2. 3.
동 작	1. 2. 3.
호 흡	

38. 공명심

사전적 의미	사사로움이나 치우침이 없이 공정하고 명백한 마음.
예 문	1. 그는 헛된 공명심에 계급과 소속을 사칭하고 의용군에 끼었다. 2. 선생님은 한 치의 사심 없이 공명심을 가지고 공직 생활을 하셨다.
상 황 (구체적으로)	1. 2. 3.
동 작	1. 2. 3.
호 흡	

39. 공포심

사전적 의미	두려워하고 무서워하는 마음.
예 문	1. 그는 절벽에서 아래를 내려다보며 공포심을 느꼈다. 2. 철호는 갑자기 불이 나가자 공포심이 선득대는 것을 느꼈다.
상 황 (구체적으로)	1. 2. 3.
동 작	1. 2. 3.
호 흡	

40. 공허감

사전적 의미	텅 빈 듯한 허전한 느낌.
예 문	1. 아무도 없는 집 안에 들어오니 공허감이 든다. 2. 경력 30년의 배우도 마지막 공연이 끝날 때면 늘 공허감을 느낀다고 한다.
상 황 (구체적으로)	1. 2. 3.
동 작	1. 2. 3.
호 흡	

41. 관심

사전적 의미	어떤 것에 마음이 끌려 주의를 기울임.
예 문	1. 여러 신화에 나오는 각종 상징물에 대해 각별한 관심을 가지고 있다. 2. 옆집 여학생에게 관심을 갖다.
상 황 (구체적으로)	1. 2. 3.
동 작	1. 2. 3.
호 흡	

42. 괘씸

사전적 의미	남에게 예절이나 신의에 어긋난 짓을 당하여 분하고 밉살스럽다.
예 문	1. 인정머리 없는 그의 처사가 괘씸하다. 2. 생각하면 괘씸해서 뽀득뽀득 이가 갈린다.
상 황 (구체적으로)	1. 2. 3.
동 작	1. 2. 3.
호 흡	

43. 괴로움

사전적 의미	몸이나 마음이 편하지 않고 고통스러운 상태. 또는 그런 느낌
예 문	1. 괴로움이 극도에 달한 그는 두 손으로 머리털을 쥐어뜯었다. 2. 말 없는 왕의 얼굴엔 괴로움과 우울한 표정이 현연히 드러난다.
상 황 (구체적으로)	1. 2. 3.
동 작	1. 2. 3.
호 흡	

44. 괴리감

사전적 의미	서로 어긋나 동떨어져 있는 것처럼 느끼는 마음.
예 문	1. 친구들과 어울릴 때마다, 나만 다른 세상에 있는 것처럼 괴리감이 느껴졌다. 2. 이상과 현실의 차이로 괴리감을 호소하는 사람들이 늘고 있다.
상 황 (구체적으로)	1. 2. 3.
동 작	1. 2. 3.
호 흡	

45. 교만심

사전적 의미	자기 자신을 뽐내고 잘난 척하는 마음.
예 문	1. 승자라 하여 교만한 마음을 가져서는 안 된다. 2. 책임을 다했거니 하고 순간적으로 교만한 마음을 품었다가…
상 황 (구체적으로)	1. 2. 3.
동 작	1. 2. 3.
호 흡	

46. 굴욕감

사전적 의미	굴욕을 당하여 느끼는 창피한 느낌.
예 문	1. 사장 앞에서 비굴하게 사정하는 자신의 모습에 굴욕감을 느꼈다. 2. 자신을 완전히 범죄자 취급하는 그들의 태도에 진우는 굴욕감마저 들었다.
상 황 (구체적으로)	1. 2. 3.
동 작	1. 2. 3.
호 흡	

47. 궁금함

사전적 의미	무엇이 알고 싶어 마음이 몹시 답답하고 안타깝다.
예 문	1. 나는 그 수수께끼의 답이 너무 궁금하다. 2. 배 선생이 하는 일에 상관하고 싶은 생각은 전혀 없었다. 다만 궁금할 뿐이었다.
상 황 (구체적으로)	1. 2. 3.
동 작	1. 2. 3.
호 흡	

48. 권태감

사전적 의미	어떤 일이나 상태에 시들해져서 싫증이나 게으름이 나는 느낌.
예 문	1. 시골 생활을 시작한 지 한 달도 못 되어 나는 벌써 권태감에 사로잡혔다. 2. 그는 피로감과 권태감이 몸속으로 잦아들어 마치 심연에 푹 빠지는 듯했다.
상 황 (구체적으로)	1. 2. 3.
동 작	1. 2. 3.
호 흡	

49. 귀여움

사전적 의미	모양이나 행동이 앙증맞고 곱살스러워 그 대상을 예쁘고 정겹게 여김.
예 문	1. 그녀의 우물진 볼이 귀엽게 느껴진다. 2. 달래의 그런 수줍음과 토라짐에 귀엽다는 느낌이 들었다.
상 황 (구체적으로)	1. 2. 3.
동 작	1. 2. 3.
호 흡	

50. 그리움

사전적 의미	보고 싶어 애타는 마음.
예 문	1. 김 회장에게는 가난했지만 행복했던 어린 시절에 대한 그리움이 문득 밀려왔다. 2. 명절이 되면 명숙이는 북쪽에 두고 온 부모님에 대한 그리움으로 목이 메었다.
상 황 (구체적으로)	1. 2. 3.
동 작	1. 2. 3.
호 흡	

51. 근심

사전적 의미	해결되지 않은 일 때문에 속을 태우거나 우울해함.
예 문	1. 선미의 얼굴에는 근심이 가득했다. 2. 온갖 근심 걱정이 내 마음을 어지러이 만든다.
상 황 (구체적으로)	1. 2. 3.
동 작	1. 2. 3.
호 흡	

52. 기겁

사전적 의미	숨이 막힐 듯이 갑작스럽게 겁을 내며 놀람.
예 문	1. 사무원은 기겁을 먹고 얼른 뒤로 물러선다. 2. 자신의 다리에 거머리가 잘싹 달라붙자 기겁을 했다.
상 황 (구체적으로)	1. 2. 3.
동 작	1. 2. 3.
호 흡	

53. 기대감

사전적 의미	어떤 일이 이루어지기를 바라고 기다리는 심정.
예 문	1. 그는 합격했을 것이라는 기대감을 품고 합격자 발표장에 갔다. 2. 영희의 가슴에는 기대감과 죄책감이 교차하고 있었다.
상 황 (구체적으로)	1. 2. 3.
동 작	1. 2. 3.
호 흡	

54. 기막힘

사전적 의미	1. 어떠한 일이 놀랍거나 언짢아서 어이없다. 2. 어떻다고 말할 수 없을 만큼 좋거나 정도가 높다.
예 문	1. 나는 그의 제안이 너무 기막혀 아무 말도 못 했다. 2. 시고 달고 한 맛이 기막혀서 금방 입안의 침이 혀끝에 집중되었다.
상 황 (구체적으로)	1. 2. 3.
동 작	1. 2. 3.
호 흡	

55. 기쁨

사전적 의미	욕구가 충족되었을 때의 흐뭇하고 흡족한 마음이나 느낌.
예 문	1. 그는 기쁨에 겨워 덩실덩실 춤을 추었다. 2. 그의 얼굴에는 승리의 기쁨이 서려 있다.
상 황 (구체적으로)	1. 2. 3.
동 작	1. 2. 3.
호 흡	

56. 긴박감

사전적 의미	매우 다급하고 절박한 느낌.
예 문	1. 빠른 전환 장면에서 관객은 사건의 긴박감을 느끼고는 숨을 죽였다. 2. 누구에겐가 쫓기며 산다는 긴박감은 미적지근하던 생활을 조여 주고 있었다.
상 황 (구체적으로)	1. 2. 3.
동 작	1. 2. 3.
호 흡	

57. 긴장감

사전적 의미	마음을 놓지 않고 계속하여 정신을 바짝 차리게 되는 상태.
예 문	1. 유현은 심장이 바짝바짝 조이는 듯한 긴장감을 느꼈다. 2. 김 기자는 특종을 취재할 때의 짜릿짜릿한 긴장감이 좋았다.
상 황 **(구체적으로)**	1. 2. 3.
동 작	1. 2. 3.
호 흡	

58. 낙담

사전적 의미	바라던 일이 뜻대로 되지 않아 마음이 몹시 상함.
예 문	1. 시험에 떨어진 그는 낙담이 이만저만이 아니다. 2. 어른들은 사윗감이 썩 마음에 들지 않아 낙담의 기색이 역력하였다.
상 황 (구체적으로)	1. 2. 3.
동 작	1. 2. 3.
호 흡	

59. 난감

사전적 의미	이렇게 하기도 저렇게 하기도 어려워 마음이 불편함.
예 문	1. 앞으로 살아갈 일이 난감하다. 2. 해가 지니 하산할 일이 난감하였다.
상 황 (구체적으로)	1. 2. 3.
동 작	1. 2. 3.
호 흡	

60. 노여움

사전적 의미	분하고 섭섭하여 화가 치미는 감정.
예 문	1. 폭발하려는 노여움을 참느라고 재영이는 눈을 힘 있게 닫았다. 2. 충신의 직언이 임금의 노여움을 사게 되었다.
상 황 (구체적으로)	1. 2. 3.
동 작	1. 2. 3.
호 흡	

61. 노파심

사전적 의미	필요 이상으로 남의 일을 걱정하고 염려하는 마음.
예 문	1. 노파심에서 하는 말이니 기분 나쁘게 생각하지 마라. 2. 다시 복철을 밟지 말기를 원하는 노파심에 있는 것이다.
상 황 (구체적으로)	1. 2. 3.
동 작	1. 2. 3.
호 흡	

62. 놀라움

사전적 의미	신기하게 또는 훌륭하게 여기거나 뜻밖으로 생각하여 받는 느낌.
예 문	1. 그녀가 나타나자 나는 놀라움과 반가움으로 가슴이 마구 뛰었다. 2. 수혜는 발 디딜 틈도 없이 가득 메운 사람들을 보면서 놀라움을 금치 못했다.
상 황 **(구체적으로)**	1. 2. 3.
동 작	1. 2. 3.
호 흡	

63. 다짐

사전적 의미	어떤 일을 반드시 행하겠다는 굳건한 마음가짐.
예문	1. 소년은 어른이 되면 엄마를 찾으러 가겠다고 다짐을 했다. 2. 창호는 다시는 담배를 피우지 않겠다는 다짐으로 담뱃갑을 구겼다.
상황 (구체적으로)	1. 2. 3.
동작	1. 2. 3.
호흡	

64. 담담함

사전적 의미	차분하고 평온한 마음.
예문	1. 모든 준비를 끝낸 지금의 심경은 담담할 뿐이다. 2. 온 가족이 야단법석을 피웠지만 철수는 그저 담담하였다.
상황 (구체적으로)	1. 2. 3.
동작	1. 2. 3.
호흡	

65. 답답함

사전적 의미	숨이 막힐 듯이 갑갑하다. 애가 타고 갑갑하다.
예 문	1. 그의 차분한 어투에 가슴이 완전히 막혀 버리는 듯한 답답함을 느끼기도 한다. 2. 신 감독은 느려 터지고 경쟁심마저 적은 선수들에게 답답함을 느꼈다.
상 황 (구체적으로)	1. 2. 3.
동 작	1. 2. 3.
호 흡	

66. 당당함

사전적 의미	남 앞에 내세울 만큼 모습이나 마음이 떳떳하다.
예 문	1. 상사 앞에서 주눅 들지 않는 그의 태도에서 당당함을 느꼈다. 2. 당당한 마음으로 시련을 견뎌 내야 한다.
상 황 (구체적으로)	1. 2. 3.
동 작	1. 2. 3.
호 흡	

67. 당혹감

사전적 의미	무슨 일을 당하여 정신이 헷갈리거나 생각이 막혀 어찌할 바를 몰라 함 또는 그런 감정.
예 문	1. 자기가 실수한 것을 알아차리자 그는 당혹감을 감추지 못했다. 2. 기자의 짓궂은 질문에 그녀는 한순간 당혹감을 보였다.
상 황 (구체적으로)	1. 2. 3.
동 작	1. 2. 3.
호 흡	

68. 당황

사전적 의미	놀라거나 다급하여 어찌할 바를 모름.
예 문	1. 사고 소식을 듣고 어머니는 당황과 불안에 떨고 계셨다. 2. 준기는 갑작스러운 선생님의 꾸지람에 당황을 감추지 못했다.
상 황 (구체적으로)	1. 2. 3.
동 작	1. 2. 3.
호 흡	

69. 대견함

사전적 의미	흐뭇하고 자랑스럽다.
예 문	1. 나는 가난을 두려워하지 않은 내 용기가 스스로 대견하고 고맙게 느껴진다. 2. 어려운 수학 문제를 척척 풀어내는 아들이 대견하다.
상 황 (구체적으로)	1. 2. 3.
동 작	1. 2. 3.
호 흡	

70. 도취감

사전적 의미	만족해서 즐기거나 어떤 대상에 완전히 빠져 취하다시피 되는 느낌.
예 문	1. 지난 월드컵에서 얻은 승리의 도취감에서 하루빨리 벗어나야 한다. 2. 아름다움에 대한 도취는 인간의 자연스러운 감정이다.
상 황 (구체적으로)	1. 2. 3.
동 작	1. 2. 3.
호 흡	

71. 동경심

사전적 의미	어떤 것을 간절히 그리워하여 그것만을 생각하는 마음.
예 문	1. 그의 마음에는 한적한 산촌의 생활에 대한 동경심이 다시금 강렬히 일어났다. 2. 그녀는 외국 생활에 대한 막연한 동경심을 가지고 있다.
상 황 (구체적으로)	1. 2. 3.
동 작	1. 2. 3.
호 흡	

72. 동정심

사전적 의미	다른 사람의 사정을 알아주고 제 일처럼 여겨 안타까워하는 마음.
예 문	1. 그의 고된 모습은 뭇사람들의 동정심을 유발하기에 충분했다. 2. 그녀가 아들을 잃고 심통하는 모습을 보고 동정심이 끓어올랐다.
상 황 (구체적으로)	1. 2. 3.
동 작	1. 2. 3.
호 흡	

73. 두려움

사전적 의미	위협이나 위험을 느껴 마음이 불안하고 조심스러운 느낌.
예 문	1. 그는 다가올 시험에 대한 두려움으로 마음을 졸이고 있다. 2. 먼바다에서 밀려오는 만파는 자연에 대한 두려움을 새삼 느끼게 한다.
상 황 (구체적으로)	1. 2. 3.
동 작	1. 2. 3.
호 흡	

74. 들뜨다

사전적 의미	마음이나 분위기가 가라앉지 아니하고 조금 흥분되다.
예 문	1. 시험에 합격한 그는 마음이 들떠 잠을 이루지 못했다. 2. 마음이 들떠서 일이 손에 잡히지 않는다.
상 황 (구체적으로)	1. 2. 3.
동 작	1. 2. 3.
호 흡	

75. 딱함

사전적 의미	사정이나 처지가 애처롭고 가엾다.
예 문	1. 그의 사정이 딱하게 느껴졌다. 2. 일에 지친 그의 모습은 보기에도 딱했다.
상 황 (구체적으로)	1. 2. 3.
동 작	1. 2. 3.
호 흡	

76. 막막함

사전적 의미	의지할 데 없이 외롭고 답답하다.
예 문	1. 갑자기 일자리를 잘리고 보니 막막했다. 2. 아버지의 갑작스러운 죽음으로 가도가 막막하다.
상 황 (구체적으로)	1. 2. 3.
동 작	1. 2. 3.
호 흡	

77. 만만함

사전적 의미	부담스럽거나 무서울 것이 없어 쉽게 다루거나 대할 만하다.
예 문	1. 우리 집 식구 중 막냇동생이 제일 만만하다. 2. 그 팀은 다른 팀보다 상대하기가 만만했다.
상 황 (구체적으로)	1. 2. 3.
동 작	1. 2. 3.
호 흡	

ㅁ

78. 만족감

사전적 의미	모자람이 없이 마음에 흡족한 느낌.
예 문	1. 오늘 드디어 일을 마쳤다는 만족감에 밤새 잠을 이루지 못했다. 2. 태남이는 반성 끝에 오는 도덕적 만족감 때문에 기분 좋게 호기를 부렸다.
상 황 (구체적으로)	1. 2. 3.
동 작	1. 2. 3.
호 흡	

79. 망설임

사전적 의미	이리저리 생각만 하고 태도를 결정하지 못함.
예 문	1. 그녀는 오랜 망설임 끝에 그의 청혼을 받아들였다. 2. 옥에서 풀려나가고 싶지 않은, 까닭 모를 망설임 같은 것이었다.
상 황 (구체적으로)	1. 2. 3.
동 작	1. 2. 3.
호 흡	

80. 먹먹함

사전적 의미	어떤 감정으로 꽉 차거나 막힌 느낌이 있다.
예 문	1. 철이의 그 완강한 거부의 몸짓을 생각하고 나는 다만 가슴이 먹먹할 뿐이었다. 2. 딸이 고생을 많이 하고 있다는 이야기를 들으면서 아버지는 가슴이 먹먹하였다.
상 황 (구체적으로)	1. 2. 3.
동 작	1. 2. 3.
호 흡	

81. 멸시감

사전적 의미	다른 사람이나 사물을 교만하게 깔보거나 하찮게 여김.
예 문	1. 그들이 부모가 없이 고아로 자란 나를 멸시하는 느낌을 받았다. 2. 경애는 옆의 남자를 멸시하는 눈으로 바라보며 콧방귀를 뀌었다.
상 황 (구체적으로)	1. 2. 3.
동 작	1. 2. 3.
호 흡	

82. 모멸감

사전적 의미	업신여김과 깔봄을 당하여 느끼는 수치스러운 느낌.
예 문	1. 사장의 지나친 나무람에 나는 모멸감을 느꼈다. 2. 나는 나 자신에 대한 견딜 수 없는 모멸감을 느꼈다.
상 황 (구체적으로)	1. 2. 3.
동 작	1. 2. 3.
호 흡	

83. 모욕감

사전적 의미	깔보고 업신여김을 당하는 느낌.
예 문	1. 그는 친구들의 심한 놀림에 모욕감을 느꼈다. 2. 그 남자의 얘기를 들은 해미는 모욕감을 느끼며 이맛살을 찡그렸다.
상 황 (구체적으로)	1. 2. 3.
동 작	1. 2. 3.
호 흡	

84. 모험심

사전적 의미	위험을 무릅쓰고 어떠한 일을 하려는 마음.
예 문	1. 학교 뒤 나무도 별로 없는 바위산은 우리들의 모험심을 자극하는 놀이터였다. 2. 이 책은 나에게 많은 모험심과 용기, 힘을 북돋아 준 훌륭한 책이다.
상 황 (구체적으로)	1. 2. 3.
동 작	1. 2. 3.
호 흡	

85. 못마땅함

사전적 의미	마음에 들지 않아 좋지 않다.
예 문	1. 나는 그녀가 다른 사람과 귓속말하는 것이 못마땅하게 느껴졌다. 2. 이 일을 마치 장난처럼 처리하는 당신의 태도가 못마땅하다.
상 황 (구체적으로)	1. 2. 3.
동 작	1. 2. 3.
호 흡	

86. 무관심

사전적 의미	관심이나 흥미가 없음.
예 문	1. 안성댁은 아들의 기색이나 말에는 도통 무관심했다. 2. 그녀는 주변에서 일어나는 일들에 무관심한 태도를 보였다.
상 황 (구체적으로)	1. 2. 3.
동 작	1. 2. 3.
호 흡	

87. 무력감

사전적 의미	자신이 아무런 힘이 없음을 깨달았을 때나 무슨 짓을 하여도 아무 소용이 없음을 깨달았을 때의 허탈하고 맥 빠진 듯한 느낌.
예 문	1. 하는 일마다 제대로 안 되자 그는 무력감에 빠졌다. 2. 자연이라는 거대한 힘 앞에 인간은 때로 무력감을 맛보게 된다.
상 황 (구체적으로)	1. 2. 3.
동 작	1. 2. 3.
호 흡	

88. 무료감

사전적 의미	흥미 있는 일이 없어서 심심하고 지루한 느낌.
예 문	1. 그녀는 삶의 권태와 무료감에 빠졌다. 2. 모처럼 휴일에 할 일이 없어서 무료함을 느꼈다.
상 황 (구체적으로)	1. 2. 3.
동 작	1. 2. 3.
호 흡	

89. 무안감

사전적 의미	수줍거나 창피하여 볼 낯이 없다.
예 문	1. 돈을 벌어 오겠다고 큰소리를 쳐 놓고 빈손으로 집에 들어가기가 무안하다. 2. 그는 무안함을 느낄 정도로 나를 빤히 쳐다보았다.
상 황 (구체적으로)	1. 2. 3.
동 작	1. 2. 3.
호 흡	

90. 미련

사전적 의미	깨끗이 잊지 못하고 끌리는 데가 남아 있는 마음.
예 문	1. 축구에 대한 미련 때문에 다시 아마추어 유니폼을 입었다. 2. 지금 그들의 관계는 완전히 끝났지만 아직도 그녀에게 미련이 있는 모양이다.
상 황 (구체적으로)	1. 2. 3.
동 작	1. 2. 3.
호 흡	

91. 미심쩍음

사전적 의미	분명하거나 명확하지 못하여 마음에 거리끼는 데가 있다.
예 문	1. 그의 말이 사실인지가 조금 미심쩍기는 했지만 일단 믿기로 했다. 2. 어딘지 모르게 그들의 행동에서 들었던 미심쩍은 느낌을 지울 수가 없다.
상 황 (구체적으로)	1. 2. 3.
동 작	1. 2. 3.
호 흡	

92. 미안함

사전적 의미	괴로움이나 폐를 끼쳐 마음이 불편하고 거북하다.
예 문	1. 주위 사람들에게 감기를 옮긴 것이 조금 미안하였다. 2. 여러 번 부탁을 한 처지라 또다시 부탁을 하기가 그에게 미안하다.
상 황 (구체적으로)	1. 2. 3.
동 작	1. 2. 3.
호 흡	

93. 미움

사전적 의미	뭔가가 꼴사납고 마음에 들지 않아 거리끼고 싫어함, 또는 그런 마음.
예 문	1. 그녀의 가슴에는 그에 대한 미움이 가득히 차 있었다. 2. 그는 이익을 챙기는 데에 너무 약삭스러워 동료들로부터 미움을 받는다.
상 황 (구체적으로)	1. 2. 3.
동 작	1. 2. 3.
호 흡	

ㅁ

94. 민망함

사전적 의미	분명하거나 명확하지 못하여 마음에 거리끼는 데가 있다.
예 문	1. 그의 말이 사실인지가 조금 미심쩍기는 했지만 일단 믿기로 했다. 2. 어딘지 모르게 그들의 행동에서 들었던 미심쩍은 느낌을 지울 수가 없다.
상 황 (구체적으로)	1. 2. 3.
동 작	1. 2. 3.
호 흡	

95. 박진감

사전적 의미	생동감 있고 활기차고 적극적이어서 현실적으로 느껴지는 느낌.
예 문	1. 그 경기는 박진감이 넘친다. 2. 두 팀은 손에 땀을 쥐는 박진감 넘치는 경기를 펼쳤다.
상 황 (구체적으로)	1. 2. 3.
동 작	1. 2. 3.
호 흡	

96. 박탈감

사전적 의미	권리나 자격 등 당연히 자신에게 있어야 할 어떤 것을 빼앗긴 듯한 느낌.
예 문	1. 이 아이는 애정을 받지 못해 부모애에 대한 심한 박탈감을 느끼고 있다. 2. 부유한 또래 친구들을 보면서 학생들의 상대적 박탈감은 더 커질 수밖에 없다.
상 황 (구체적으로)	1. 2. 3.
동 작	1. 2. 3.
호 흡	

97. 반가움

사전적 의미	그리워하던 사람을 만나거나 좋은 소식을 듣거나 하여 생기는 흐뭇하고 즐거운 마음.
예 문	1. 그들은 오랜만에 만난 반가움에 잠시 할 말을 잊었다. 2. 뜻하지 않게 그를 만나자 반가움과 놀라움의 감정이 교차했다.
상 황 (구체적으로)	1. 2. 3.
동 작	1. 2. 3.
호 흡	

98. 반감

사전적 의미	반대하거나 반항하는 감정.
예 문	1. 김 회장이 매사를 독단적으로 처리하는 것에 대해 회원들이 반감을 품고 있다. 2. 원체 그년이 나를 적대하니까 나도 반감을 가지게 되었소.
상 황 (구체적으로)	1. 2. 3.
동 작	1. 2. 3.
호 흡	

99. 반발감

사전적 의미	어떤 행동이나 상태에 대하여 거스르고 반대하는 마음.
예 문	1. 누구나 마음 한구석에 부당한 처사에 대한 반발감을 가지고 있다. 2. 학생들의 반발이 너무 심해서 방과 후의 보충 수업을 폐지하였다.
상 황 (구체적으로)	1. 2. 3.
동 작	1. 2. 3.
호 흡	

ㅂ

100. 반항심

사전적 의미	다른 사람이나 대상에 맞서 대들거나 반대하는 마음.
예 문	1. 그는 괜히 반항심이 생겨서 어머니의 심부름을 하지 않았다. 2. 선생님의 말씀이 옳기는 하지만 나에게는 도리어 반항심을 자극할 뿐이다.
상 황 (구체적으로)	1. 2. 3.
동 작	1. 2. 3.
호 흡	

101. 배려심

사전적 의미	도와주거나 보살펴 주려는 마음.
예 문	1. 그는 그녀의 배려가 한량없이 고마웠다. 2. 나는 당신의 따뜻한 배려가 정말로 고마워.
상 황 (구체적으로)	1. 2. 3.
동 작	1. 2. 3.
호 흡	

102. 배신감

사전적 의미	상대방이 믿음과 의리를 저버린 것에 대한 불쾌한 느낌.
예 문	1. 나는 친구가 나를 고발하였다는 배신감에 사로잡혀 잠을 이루지 못하였다. 2. 한마디 의논 없이 일을 처리한 그에 대한 배신감은 말로 표현할 수 없을 정도다.
상 황 (구체적으로)	1. 2. 3.
동 작	1. 2. 3.
호 흡	

103. 배타심

사전적 의미	남을 거부하고 내치는 마음.
예 문	1. 그는 배타심이 강하여 남들과 잘 어울리지 못한다. 2. 다른 지역에 대한 배타심은 때로 예상하지 못한 위험한 일을 초래할 수도 있다.
상 황 (구체적으로)	1. 2. 3.
동 작	1. 2. 3.
호 흡	

ㅂ

104. 번뇌

사전적 의미	마음이 시달려서 괴로워함, 또는 그런 괴로움.
예 문	1. 그녀는 유독 혼자만이 초조하고 마음이 번뇌스러운 것 같았다. 2. 사랑이 큰 만큼 번뇌도 크다.
상 황 (구체적으로)	1. 2. 3.
동 작	1. 2. 3.
호 흡	

105. 번민

사전적 의미	마음이 번거롭고 답답하여 괴로워함.
예 문	1. 그는 오랜 번민 끝에 결정을 내렸다. 2. 기범은 드디어 여자 때문에 생애 처음으로 번민에 사로잡혔다.
상 황 (구체적으로)	1. 2. 3.
동 작	1. 2. 3.
호 흡	

106. 복수심

사전적 의미	복수하려고 벼르는 마음.
예 문	1. 형이 죽자 나는 형을 파멸시킨 놈에게 복수심을 품게 되었다. 2. 그는 아마 내일 아침이면 복수심에 불타 이를 북북 갈 것이었다.
상 황 (구체적으로)	1. 2. 3.
동 작	1. 2. 3.
호 흡	

107. 부끄러움

사전적 의미	부끄러워하는 느낌이나 마음.
예 문	1. 그녀가 가만히 쳐다보는 동안 그는 부끄러움으로 볼이 빨갛게 달아올랐다. 2. 선생님 앞에 서자 부끄러움이 전신에 죄어들었다.
상 황 (구체적으로)	1. 2. 3.
동 작	1. 2. 3.
호 흡	

108. 부담감

사전적 의미	짐스러워서 편하지 않은 느낌.
예 문	1. 그는 시험에 대한 부담감 때문에 잠을 잘 수가 없었다. 2. 가격이 예상보다 비싸서 나는 부담감을 느꼈다.
상 황 (구체적으로)	1. 2. 3.
동 작	1. 2. 3.
호 흡	

109. 부러움

사전적 의미	남의 좋은 일이나 물건을 보고 자기도 그런 일을 이루거나 그런 물건을 가졌으면 하고 바라는 마음.
예 문	1. 머리숱이 많은 준기는 탈모 때문에 고민하는 나에게 부러움을 샀다. 2. 나는 미정이의 재능에 대해 부러움과 시기가 함께 일어난다.
상 황 (구체적으로)	1. 2. 3.
동 작	1. 2. 3.
호 흡	

110. 분노

사전적 의미	분개하여 몹시 성을 냄.
예 문	1. 나는 그에게 속았다는 사실에 분노가 치밀어 올랐다. 2. 그가 고개를 돌리며 피식하는 모습에 그녀는 순간 분노가 치밀었다.
상 황 (구체적으로)	1. 2. 3.
동 작	1. 2. 3.
호 흡	

111. 불만감

사전적 의미	마음에 들지 않아 흡족하지 않음.
예 문	1. 그는 강한 침묵으로 불만감을 표시했다. 2. 환국은 불만과 근심에 찬 눈을 들어, 그러나 감싸듯 쳐다본다.
상 황 (구체적으로)	1. 2. 3.
동 작	1. 2. 3.
호 흡	

112. 불신감

사전적 의미	믿지 못하는 느낌이나 마음.
예 문	1. 이웃에 대한 불신감을 해소하다. 2. 언중하지 못한 그의 태도는 많은 사람에게 불신감을 심어 주었다.
상 황 (구체적으로)	1. 2. 3.
동 작	1. 2. 3.
호 흡	

113. 불쌍함

사전적 의미	처지나 형편이 어려워 애처롭다.
예 문	1. 아이들의 모습을 보자 불쌍함으로 가슴이 아렸다. 2. 나는 주인을 잃은 불쌍한 강아지를 결국 집으로 데려왔다.
상 황 (구체적으로)	1. 2. 3.
동 작	1. 2. 3.
호 흡	

114. 불안감

사전적 의미	마음이 편하지 아니하고 조마조마함.
예 문	1. 절컥대는 나무 의자의 받침이 왠지 불안하다. 2. 나는 집에 혼자 있기가 불안하여 친구를 불렀다.
상 황 (구체적으로)	1. 2. 3.
동 작	1. 2. 3.
호 흡	

115. 불쾌감

사전적 의미	못마땅하여 기분이 좋지 않은 느낌.
예 문	1. 그는 선배의 비아냥거리는 말투에 상당한 불쾌감을 느꼈다. 2. 시민들은 경찰의 무차별적인 검문검색에 불쾌감을 나타냈다.
상 황 (구체적으로)	1. 2. 3.
동 작	1. 2. 3.
호 흡	

116. 불행감

사전적 의미	행복하지 못한 느낌.
예 문	1. 영수의 뻔뻔한 행동을 보자 증오감과 불행감이 가슴속에 불꽃처럼 부풀어 올랐다. 2. 이런 느낌이 나를 지독한 불행감으로 몰아넣었다.
상 황 (구체적으로)	1. 2. 3.
동 작	1. 2. 3.
호 흡	

117. 비애

사전적 의미	슬퍼하고 서러워함.
예 문	1. 나는 그의 배신을 보면서 생의 비애를 느꼈다. 2. 그는 미국에서 이국인의 설움과 비애를 맛보았다.
상 황 (구체적으로)	1. 2. 3.
동 작	1. 2. 3.
호 흡	

118. 비장감

사전적 의미	슬프면서도 굳세고 꿋꿋한 마음.
예 문	1. 비극을 삼키며 걸음을 앞으로 내딛는 그의 의지에서 비장감이 느껴진다. 2. 그녀의 목소리는 음울하였고 비장감을 느끼게 하는 특색이 있었다.
상 황 (구체적으로)	1. 2. 3.
동 작	1. 2. 3.
호 흡	

119. 비참

사전적 의미	더할 수 없이 슬프고 끔찍함.
예 문	1. 효진은 문득 자기 존재가 한없이 초라하고 비참하게 느껴졌다. 2. 굶주림과 추위로 배싹 마른 아이의 모습은 참으로 비참했다.
상 황 (구체적으로)	1. 2. 3.
동 작	1. 2. 3.
호 흡	

120. 비통

사전적 의미	몹시 슬퍼서 마음이 아픔.
예 문	1. 그는 은사님의 부고에 비통한 마음을 감추지 못했다. 2. 하루만 빨리 왔어도 선생님을 뵐 수 있었다 생각하니 말할 수 없이 비통하구나.
상 황 (구체적으로)	1. 2. 3.
동 작	1. 2. 3.
호 흡	

121. 뿌듯함

사전적 의미	기쁨이나 감격이 마음에 가득 차서 벅차다.
예 문	1. 원호는 마감에 맞춰 책을 다 쓰고는 뿌듯함에 쌍긋빵긋했다. 2. 통장에 증액되는 예금액을 볼 때마다 뿌듯하다.
상 황 (구체적으로)	1. 2. 3.
동 작	1. 2. 3.
호 흡	

122. 사랑

사전적 의미	다른 사람을 애틋하게 그리워하고 열렬히 좋아하는 마음.
예 문	1. 노인은 막내아들을 가장 사랑했다. 2. 하늘에 사무치게 당신을 사랑합니다.
상 황 (구체적으로)	1. 2. 3.
동 작	1. 2. 3.
호 흡	

123. 사명감

사전적 의미	주어진 임무를 잘 수행하려는 마음가짐.
예 문	1. 나는 이번에는 꼭 이기겠다는 사명감을 가지고 경기에 임할 것입니다. 2. 그 순간 나에게는 거짓을 깨부숴야 한다는 사명감이 가슴속에 치올랐다.
상 황 (구체적으로)	1. 2. 3.
동 작	1. 2. 3.
호 흡	

124. 상실감

사전적 의미	무엇인가를 잃어버린 후의 느낌이나 감정 상태.
예 문	1. 그는 아내를 일찍 여읜 상실감으로 매일 술을 마셨다. 2. 유방 절제 환자가 부딪히는 문제는 상실감이라고 한다.
상 황 (구체적으로)	1. 2. 3.
동 작	1. 2. 3.
호 흡	

125. 상쾌

사전적 의미	느낌이 시원하고 산뜻하다.
예 문	1. 어려운 일을 쌈박하게 처리하고 나니 기분이 상쾌하다. 2. 김 선장은 기분이 너무 상쾌해서, 껄떡껄떡 숨을 들이켜듯이 끼들끼들 웃었다.
상 황 (구체적으로)	1. 2. 3.
동 작	1. 2. 3.
호 흡	

126. 서글픔

사전적 의미	쓸쓸하고 외로운 감정.
예 문	1. 고향 땅을 지척에 두고도 찾아가지 못하는 서글픔에 눈물이 앞을 가렸다. 2. 돈이 없어서 헌책으로 공부하는 동생의 모습에서 서글픔이 느껴졌다.
상 황 (구체적으로)	1. 2. 3.
동 작	1. 2. 3.
호 흡	

127. 서러움

사전적 의미	서럽게 느껴지는 마음.
예 문	1. 세상이 나에게 너무 막 하는 것 같다는 생각에 서러움이 북받쳤다. 2. 고아라는 소리를 들을 때마다 서러움이 복받쳐 올라 목구멍이 메어 온다.
상 황 (구체적으로)	1. 2. 3.
동 작	1. 2. 3.
호 흡	

128. 서운감

사전적 의미	마음에 모자라 아쉽거나 섭섭한 느낌이 있다.
예 문	1. 기대와 희망을 안고 찾아왔던 그에게 분명한 말을 듣지 못해 서운감이 밀려왔다. 2. 아내는 자신의 서운함을 숨기지 않고 내색하였다.
상 황 (구체적으로)	1. 2. 3.
동 작	1. 2. 3.
호 흡	

129. 설렘

사전적 의미	마음이 가라앉지 아니하고 들떠서 두근거림, 또는 그런 느낌.
예 문	1. 나는 새벽 기차에 몸을 싣고 여행의 설렘을 만끽했다. 2. 나는 그녀를 다시 만난다는 설렘에 가슴이 뛰기 시작했다.
상 황 (구체적으로)	1. 2. 3.
동 작	1. 2. 3.
호 흡	

130. 섭섭함

사전적 의미	기대에 어그러져 불만스럽거나 못마땅하다.
예 문	1. 그가 나를 본체만체하니 내심 섭섭하기 이를 데 없다. 2. 금도 은도 아닌 동상이란 게 내심으로 섭섭하였다.
상 황 (구체적으로)	1. 2. 3.
동 작	1. 2. 3.
호 흡	

ㅅ

131. 성취감

사전적 의미	목적한 바를 이루어서 느끼는 뿌듯하고 자랑스러운 느낌.
예 문	1. 나는 마치 그분의 그런 고운 얼굴을 내가 만든 양 크나큰 성취감에 도취했었다. 2. 첫 실적을 올리고 나니 몸이 하늘로 붕 떠오르는 듯한 성취감이 들었다.
상 황 (구체적으로)	1. 2. 3.
동 작	1. 2. 3.
호 흡	

132. 소망

사전적 의미	어떤 일을 바라는 마음.
예 문	1. 그대의 사랑을 간절히 소망합니다. 2. 노모는 서울 사는 아들이 하루라도 더 머물고 가기를 소망하였다.
상 황 (구체적으로)	1. 2. 3.
동 작	1. 2. 3.
호 흡	

133. 소명감

사전적 의미	부여된 어떤 명령을 꼭 수행해야 한다는 책임 있는 마음.
예 문	1. 그녀는 소명감을 지니고 이 일을 꾸준히 해 오고 있다. 2. 자발적인 의욕과 소명감이 이 일에 굳게 뒷받침되어야 가능한 일이다.
상 황 (구체적으로)	1. 2. 3.
동 작	1. 2. 3.
호 흡	

134. 소외감

사전적 의미	남에게 따돌림을 당하여 멀어진 듯한 느낌.
예 문	1. 나는 학교를 옮긴 후 한참 동안 소외감에 시달렸다. 2. 서로에게 무관심한 현대 사회에서 소외감을 느끼는 사람들이 많아지고 있다.
상 황 (구체적으로)	1. 2. 3.
동 작	1. 2. 3.
호 흡	

135. 소중함

사전적 의미	지니고 있는 가치나 의미가 중요하여 매우 귀하다는 느낌.
예 문	1. 나는 병을 앓고 나서야 건강의 소중함을 절감하였다. 2. 이번 연극은 부모님의 사랑과 소중함을 느낄 수 있는 가족극이 될 것이다.
상 황 (구체적으로)	1. 2. 3.
동 작	1. 2. 3.
호 흡	

136. 속상함

사전적 의미	화가 나거나 걱정이 되는 따위로 인하여 마음이 불편하고 우울함.
예 문	1. 그녀는 생각하면 생각할수록 어제 그 일이 속상했다. 2. 내가 아무리 정성스레 밥상을 차려도 아이가 입에 대지 않으니 속상하다.
상 황 (구체적으로)	1. 2. 3.
동 작	1. 2. 3.
호 흡	

137. 수모감

사전적 의미	모욕을 받는 듯한 느낌.
예 문	1. 견디기 힘든 수모감과 무력감에 저 홀로 서러워할 것이다. 2. 회오리쳐 오는 수모감을 눌러 삼키고 있는 노인을 그는 전혀 몰랐던 것이다.
상 황 (구체적으로)	1. 2. 3.
동 작	1. 2. 3.
호 흡	

138. 수치심

사전적 의미	다른 사람들을 볼 낯이 없거나 스스로 떳떳하지 못한 느낌.
예 문	1. 그에게 그런 일을 당하다니 수치스러웠다. 2. 나는 그가 나를 공개적으로 모욕했다는 사실에 수치를 느꼈다.
상 황 **(구체적으로)**	1. 2. 3.
동 작	1. 2. 3.
호 흡	

139. 슬픔

사전적 의미	원통한 일을 겪거나 불쌍한 일을 보고 마음이 아프고 괴롭다.
예 문	1. 그는 할머니의 죽음이 한없이 슬펐다. 2. 선생님께서 읽어 주신 동화는 무척 슬펐다.
상 황 **(구체적으로)**	1. 2. 3.
동 작	1. 2. 3.
호 흡	

140. 시기심

사전적 의미	남이 잘되는 것을 샘하고 미워하는 마음.
예 문	1. 그 친구가 잘되었다는 소식을 듣고 나는 시기심으로 잠을 이루지 못했다. 2. 아버지가 옆집 아이를 칭찬하자 눈에서 쌍심지가 돋을 만큼 시기심이 났다.
상 황 **(구체적으로)**	1. 2. 3.
동 작	1. 2. 3.
호 흡	

141. 신뢰감

사전적 의미	굳게 믿고 의지하는 마음.
예 문	1. 그는 순박하고 성실해서 모든 사람에게 신뢰감을 주고 있다. 2. 우리는 그에게 절대적인 지지와 신뢰를 보내고 있다.
상 황 **(구체적으로)**	1. 2. 3.
동 작	1. 2. 3.
호 흡	

142. 신비감

사전적 의미	사람의 힘이나 지혜가 미치지 못할 정도로 신기하고 묘한 느낌.
예문	1. 그의 그림을 보면 언제나 왠지 모를 신비감에 휩싸인다. 2. 온통 눈으로 덮인 깊은 산속에서 우리는 자연에 대한 신비감을 느꼈다.
상황 (구체적으로)	1. 2. 3.
동작	1. 2. 3.
호흡	

143. 실망감

사전적 의미	일이 바라는 대로 되지 않아 희망을 잃은 느낌.
예문	1. 오랫동안 추진해 왔던 일이 삐틀어지자 사장은 실망감을 감추지 못했다. 2. 준희의 어설픈 계획은 기분 좋은 여행을 꿈꾸었던 우리에게 실망감만을 주었다.
상황 (구체적으로)	1. 2. 3.
동작	1. 2. 3.
호흡	

144. 실패감

사전적 의미	원하는 결과를 얻지 못하거나 뜻한 대로 되지 않은 데서 오는 느낌.
예 문	1. 승승장구를 했던 그녀로서는 이번 일로 난생처음 실패감을 맛보게 되었다. 2. 계획을 무리하게 세우고 실천하지 못한 경우 실패감과 패배감을 느낄 수 있다.
상 황 (구체적으로)	1. 2. 3.
동 작	1. 2. 3.
호 흡	

145. 심란

사전적 의미	마음이 평온하지 않고 어수선함.
예 문	1. 그 일을 생각하면 할수록 머릿살만 어지럽고 심란해진다. 2. 미윤은 검진 결과가 나올 때까지 마음이 심란해서 아무것도 할 수가 없었다.
상 황 (구체적으로)	1. 2. 3.
동 작	1. 2. 3.
호 흡	

146. 쑥스러움

사전적 의미	자연스럽지 못하거나 어울리지 않아 멋쩍고 부끄럽다.
예 문	1. 복희는 쑥스럽고 창피해져서 얼김에 낯이 달아올랐다. 2. 그는 오랫동안 쑥스러워 주저되던 일을 마침내 해내었다.
상 황 (구체적으로)	1. 2. 3.
동 작	1. 2. 3.
호 흡	

147. 쓸쓸함

사전적 의미	외롭고 허전하다.
예 문	1. 사랑하는 여인을 잃은 사나이는 쓸쓸함을 노래로 읊조린다. 2. 간담상조하던 벗이 떠나 마음이 쓸쓸하다.
상 황 (구체적으로)	1. 2. 3.
동 작	1. 2. 3.
호 흡	

148. 씁쓸함

사전적 의미	달갑지 아니하여 조금 싫거나 언짢다.
예 문	1. 며칠 전에 퇴직한 회사 앞을 지나오자니 씁쓸한 기분이 들었다. 2. 내가 겉으로는 웃는다마는 속마음은 씁쓸하다.
상 황 (구체적으로)	1. 2. 3.
동 작	1. 2. 3.
호 흡	

149. 아쉬움

사전적 의미	어떤 일에 만족하지 못하거나, 필요한 것이 모자라거나 없어서 안타깝고 서운한 마음.
예 문	1. 부모님께는 아무리 잘해 드려도 항상 아쉬움이 남게 마련이다. 2. 공이 아슬아슬하게 문을 비껴 나가자 관중석에서는 아쉬움의 탄성이 일었다.
상 황 (구체적으로)	1. 2. 3.
동 작	1. 2. 3.
호 흡	

ㅇ

150. 악랄함

사전적 의미	매우 심하게 나쁘거나 비열하며, 교활하고 파렴치한 태도나 마음.
예 문	1. 인간의 악랄함을 제대로 느낄 수 있는 드라마. 2. 일본경찰의 잔인한 고문을 통해 그들의 악랄함을 느끼며 치를 떨었다.
상 황 (구체적으로)	1. 2. 3.
동 작	1. 2. 3.
호 흡	

151. 안도감

사전적 의미	어떤 일이 잘 진행되어 마음을 놓음, 안심이 되는 마음.
예 문	1. 어떻게 됐든 일단 시간을 벌었다는 데 안도를 느끼며 명훈도 제자리로 돌아왔다. 2. 나는 딸아이가 집에 무사히 도착했다는 소식을 듣고 안도의 한숨을 내쉬었다.
상 황 (구체적으로)	1. 2. 3.
동 작	1. 2. 3.
호 흡	

152. 안심

사전적 의미	모든 걱정을 떨쳐 버리고 마음을 편히 가짐.
예 문	1. 여행 가는 데에 선생님이 따라가신다니 안심이다. 2. 문단속을 마친 후 안심하고 잠이 들다.
상 황 (구체적으로)	1. 2. 3.
동 작	1. 2. 3.
호 흡	

153. 안쓰러움

사전적 의미	손아랫사람이나 약자의 딱한 형편이 마음이 아프고 가엾다.
예 문	1. 성냥팔이하는 안쓰러운 아이의 모습. 2. 아내의 거친 손을 보니 안쓰러운 마음이 든다.
상 황 (구체적으로)	1. 2. 3.
동 작	1. 2. 3.
호 흡	

154. 압박감

사전적 의미	내리눌리는 느낌.
예 문	1. 빨리 끝내야 한다는 압박감 때문에 일이 더 안된다. 2. 혜수는 성공해야 한다는 압박감에 시달리고 있다.
상 황 (구체적으로)	1. 2. 3.
동 작	1. 2. 3.
호 흡	

155. 애잔함

사전적 의미	애처롭고 애틋하다.
예 문	1. 곡은 오히려 그 절제성에서 애잔함과 허전함이 더 강하게 묻어난다. 2. 평소 사랑하고 존경하던 아버지가 귀천하여 애잔한 맘이 그득하였다.
상 황 (구체적으로)	1. 2. 3.
동 작	1. 2. 3.
호 흡	

156. 애절함

사전적 의미	견디기 어렵도록 애가 타는 마음. 몹시 애처롭고 슬픔.
예 문	1. 고향에 가고 싶은 실향민들의 애절한 마음은 무엇으로도 표현할 수 없다. 2. 나는 진우의 눈에 묻어 있는 애절한 슬픔을 보았다.
상 황 (구체적으로)	1. 2. 3.
동 작	1. 2. 3.
호 흡	

157. 애증

사전적 의미	사랑과 미움을 아울러 이르는 말.
예 문	1. 애증이 고루 섞인 복합된 감정이란 것은 때때로 묘한 작용을 한다. 2. 그를 보고 있으면 애증이라는 양가감정이 마음속에서 일어난다.
상 황 (구체적으로)	1. 2. 3.
동 작	1. 2. 3.
호 흡	

158. 애착

사전적 의미	몹시 사랑하거나 끌리어서 떨어지지 아니함. 또는 그런 마음.
예 문	1. 그녀는 학생들을 가르치는 일에 강한 애착을 가지고 있다. 2. 삶에 애착을 가지다.
상 황 (구체적으로)	1. 2. 3.
동 작	1. 2. 3.
호 흡	

ㅇ

159. 애처로움

사전적 의미	가엾고 불쌍하여 마음이 슬픔.
예 문	1. 강아지가 비에 함씬 젖은 모양이 애처롭다. 2. 시험에 실패했다고 기가 죽어 있는 아들의 모습이 애처로웠다.
상 황 (구체적으로)	1. 2. 3.
동 작	1. 2. 3.
호 흡	

160. 애타심

사전적 의미	남을 사랑하는 마음.
예 문	1. 애타심을 발휘하다. 2. 많은 직업 중 간호사의 애타심이 더 강한 것으로 조사되었다.
상 황 (구체적으로)	1. 2. 3.
동 작	1. 2. 3.
호 흡	

161. 애틋함

사전적 의미	애가 타는 듯이 깊고 절실하다.
예 문	1. 어머니의 편지에는 절절마다 자식에 대한 애틋함이 들어 있다. 2. 나는 그녀에게 애틋한 연모의 정을 느끼고 있다.
상 황 (구체적으로)	1. 2. 3.
동 작	1. 2. 3.
호 흡	

ㅇ

162. 야심

사전적 의미	무엇을 이루어 보겠다고 마음속에 품고 있는 욕망이나 소망.
예 문	1. 그는 그녀에게 야심을 가지고 접근했다. 2. 극동을 제패하려는 야심으로 혈안이 되었다.
상 황 (구체적으로)	1. 2. 3.
동 작	1. 2. 3.
호 흡	

163. 얄미움

사전적 의미	매우 약고 영리하여 마음에 들지 않는 데가 있다.
예 문	1. 자꾸 곁다리를 들고 나서는 친구가 얄미웠다. 2. 한 번 일 등을 했다고 떠죽떠죽 잘난 체하는 꼴이 여간 얄미운 게 아니다.
상 황 (구체적으로)	1. 2. 3.
동 작	1. 2. 3.
호 흡	

164. 어색함

사전적 의미	잘 모르거나 아니면 별로 만나고 싶지 않았던 사람과 마주 대하여 자연스럽지 못함.
예 문	1. 낯선 사람과 마주 보고 앉아 있기가 어색하다. 2. 나는 낯모르는 여자와 단둘이 앉아 있는 게 아무래도 어색하였다.
상 황 (구체적으로)	1. 2. 3.
동 작	1. 2. 3.
호 흡	

165. 어이없음

사전적 의미	일이 너무 뜻밖이어서 기가 막히는 듯하다.
예문	1. 소문이 너무 황당하여 어이없다. 2. 진수는 술에 취한 아내를 어이없다는 듯한 표정으로 바라보았다.
상황 (구체적으로)	1. 2. 3.
동작	1. 2. 3.
호흡	

o

166. 억압감

사전적 의미	자기 뜻대로 또는 자유롭게 행동하지 못하도록 억눌리는 느낌.
예문	1. 행동의 자유가 제한된 곳에서는 많은 사람들이 억압감을 느낀다. 2. 사법 기관에 소환되면 죄가 없이도 엄청난 억압감을 느낀다는 것을 알 것이다.
상황 (구체적으로)	1. 2. 3.
동작	1. 2. 3.
호흡	

167. 억울함

사전적 의미	아무 잘못 없이 꾸중을 듣거나 벌을 받거나 하여 분하고 답답하다.
예 문	1. 갑자기 오른 월세에 일단은 방을 빼나 억울함을 감출 수가 없다. 2. 억쇠는 잘못은 그쪽에 있는데 왜 자기만 몰아세우냐고 억울함을 호소했다.
상 황 (구체적으로)	1. 2. 3.
동 작	1. 2. 3.
호 흡	

168. 억지감

사전적 의미	억지스러운 느낌.
예 문	1. 그 드라마를 보고 조금 억지스러운 느낌이 들었다. 2. 그와 친분을 쌓기 위해 만나는 과정이 억지스럽게 느껴진다.
상 황 (구체적으로)	1. 2. 3.
동 작	1. 2. 3.
호 흡	

169. 언짢음

사전적 의미	마음에 들지 않아 약간 불쾌하다.
예 문	1. 정초부터 궂은소리를 들으니 기분이 언짢다. 2. 심기가 언짢다.
상 황 (구체적으로)	1. 2. 3.
동 작	1. 2. 3.
호 흡	

ㅇ

170. 여유감

사전적 의미	느긋하고 차분하게 생각하거나 행동하는 마음의 상태, 또는 대범하고 너그럽게 일을 처리하는 마음.
예 문	1. 어디에서 나오는 자신감인지 알 수 없지만 이상한 여유감이 생겨났다. 2. 오후의 차 한 잔은 각박한 생활 속에서도 여유감을 느끼게 해 준다.
상 황 (구체적으로)	1. 2. 3.
동 작	1. 2. 3.
호 흡	

171. 연모

사전적 의미	어떤 사람이나 존재를 사랑하여 간절히 그리워함.
예 문	1. 나는 그녀에게 애틋한 연모의 정을 느끼고 있다. 2. 소녀는 선생님을 오랜 세월 연모하여 상사병까지 생겼다.
상 황 (구체적으로)	1. 2. 3.
동 작	1. 2. 3.
호 흡	

172. 연민

사전적 의미	불쌍하고 가련하게 여김.
예 문	1. 쓰러진 사내를 바라보는 그의 눈은 연민과 증오로 얼룩졌다. 2. 그는 피곤에 지쳐 잠든 아내의 모습을 연민에 찬 시선으로 바라보았다.
상 황 (구체적으로)	1. 2. 3.
동 작	1. 2. 3.
호 흡	

173. 연정

사전적 의미	이성을 그리워하고 사모하는 마음.
예 문	1. 순철이는 연상의 여인에게 연정을 느꼈다. 2. 그녀에 대한 그의 애틋한 연정은 현실적으로 도저히 실현될 수 없는 것이었다.
상 황 (구체적으로)	1. 2. 3.
동 작	1. 2. 3.
호 흡	

174. 열등감

사전적 의미	자기를 남보다 못하거나 무가치한 인간으로 낮추어 평가하는 감정.
예 문	1. 그 여자는 자기 얼굴에 열등감을 갖고 있다. 2. 그는 평생을 형에 대한 열등감에서 헤어나지 못한 채 살아왔다.
상 황 (구체적으로)	1. 2. 3.
동 작	1. 2. 3.
호 흡	

175. 열망

사전적 의미	열렬하게 바람.
예 문	1. 그들의 마음은 통일에 대한 열망으로 가득 찼다. 2. 그는 배우가 되고 싶다는 열망이 절실했다.
상 황 (구체적으로)	1. 2. 3.
동 작	1. 2. 3.
호 흡	

176. 염려

사전적 의미	앞일에 대하여 여러 가지로 마음을 써서 걱정함.
예 문	1. 영수가 늦게까지 집에 돌아오지 아니하자 어머니는 별별 염려를 다 하셨다. 2. 말이 좀 지나치지 않았나 조금은 염려가 되기도 했다.
상 황 (구체적으로)	1. 2. 3.
동 작	1. 2. 3.
호 흡	

177. 예민함

사전적 의미	자극에 대한 반응이나 감각이 지나치게 날카롭다.
예 문	1. 그는 참말 요새같이 감정이 예민해 가다가는 큰일이라고 생각되었다. 2. 요즘 그는 신경이 예민한지 걸핏하면 성을 낸다.
상 황 (구체적으로)	1. 2. 3.
동 작	1. 2. 3.
호 흡	

178. 외로움

사전적 의미	홀로 되어 쓸쓸한 마음이나 느낌.
예 문	1. 그는 형제가 없어 외로움을 느끼며 자랐다. 2. 내가 완전히 혼자 남았다고 느끼자 외로움이 밀려왔다.
상 황 (구체적으로)	1. 2. 3.
동 작	1. 2. 3.
호 흡	

ㅇ

179. 욕망

사전적 의미	무엇을 가지거나 하고자 간절하게 바라는 마음.
예 문	1. 그는 성공하려는 욕망이 너무 커서 친구마저도 출세의 도구로 삼았다. 2. 도덕적인 의식과 쾌락을 추구하고자 하는 욕망이 그의 마음속에서 싸우고 있다.
상 황 (구체적으로)	1. 2. 3.
동 작	1. 2. 3.
호 흡	

180. 욕심

사전적 의미	분수에 넘치게 무엇을 탐내거나 누리고자 하는 마음.
예 문	1. 그의 마음은 재산에 대한 욕심으로 가득 차 있다. 2. 그는 자기 몫에 만족을 못하고 남의 것까지 욕심을 냈다.
상 황 (구체적으로)	1. 2. 3.
동 작	1. 2. 3.
호 흡	

181. 용맹심

사전적 의미	용감하고 사나운 마음.
예 문	1. 한 장수가 용맹심을 발휘하여 선두에 서서 적진으로 뛰어들었다. 2. 그녀는 남자보다 용맹하고 담대하다.
상 황 (구체적으로)	1. 2. 3.
동 작	1. 2. 3.
호 흡	

ㅇ

182. 우려

사전적 의미	근심하거나 걱정함.
예 문	1. 심각하게 우려할 일은 아니다. 2. 나는 그가 과연 일을 잘 해낼지 매우 우려스러웠다.
상 황 (구체적으로)	1. 2. 3.
동 작	1. 2. 3.
호 흡	

183. 우스움

사전적 의미	재미가 있어 웃을 만하다.
예 문	1. 그 녀석 이번 일을 성공했다고 으쓱으쓱하며 다니는 꼴이 우습다. 2. 나는 그의 행동이 우스워서 웃음을 참을 수가 없었다.
상 황 (구체적으로)	1. 2. 3.
동 작	1. 2. 3.
호 흡	

184. 우울감

사전적 의미	마음이 답답하거나 근심스러워 활기가 없는 감정.
예 문	1. 이혼 후에 혼자서 자녀를 키우고 있지만 우울감은 갈수록 더해졌다. 2. 비 오는 날은 대체로 기분이 우울하게 느껴진다.
상 황 (구체적으로)	1. 2. 3.
동 작	1. 2. 3.
호 흡	

185. 우월감

사전적 의미	남보다 낫다고 여기는 생각이나 느낌.
예 문	1. 사회적으로 성공한 그녀는 우월감에 빠져 있다. 2. 준호는 자신의 외모에 대해 우월감을 가지고 있었다.
상 황 (구체적으로)	1. 2. 3.
동 작	1. 2. 3.
호 흡	

186. 울분

사전적 의미	몹시 억울하고 분한 마음이 가슴에 가득함.
예 문	1. 그녀는 억울하게 죽은 아들 생각에 울분이 치밀었다. 2. 백성들은 명성 황후의 시해로 울분에 싸여 있었다.
상 황 (구체적으로)	1. 2. 3.
동 작	1. 2. 3.
호 흡	

ㅇ

161

187. 울적

사전적 의미	마음이 답답하고 쓸쓸하다.
예 문	1. 그는 고향 생각만 하면 심사가 울적해지곤 하였다. 2. 대불이는 한대두 영감이 죽었다는 비보를 듣자 마음이 울적해졌다.
상 황 (구체적으로)	1. 2. 3.
동 작	1. 2. 3.
호 흡	

188. 원망

사전적 의미	못마땅하게 여기어 탓하거나 불평을 품고 미워함.
예 문	1. 서럽고 원통하다는 생각이 차츰 원망으로 변해 갔다. 2. 그녀는 집안을 돌보지 않는 남편에 대한 원망이 쌓여 갔다.
상 황 (구체적으로)	1. 2. 3.
동 작	1. 2. 3.
호 흡	

189. 원한

사전적 의미	억울하고 원통한 일을 당하여 응어리진 마음.
예 문	1. 명진은 자신을 배반한 진호에게 깊은 원한을 품고 있었다. 2. 형에 대한 원한이나 복수심은 아버지에 대해서보다도 몇 곱절 더 심한 것이었다.
상 황 (구체적으로)	1. 2. 3.
동 작	1. 2. 3.
호 흡	

190. 위안감

사전적 의미	위로를 받아 안심이 되는 마음.
예 문	1. 나는 그녀가 건넨 따뜻한 말 한마디에 약간의 위안감을 받았다. 2. 그녀는 종교에서 참다운 마음의 기쁨과 위안을 느꼈다.
상 황 (구체적으로)	1. 2. 3.
동 작	1. 2. 3.
호 흡	

191. 위압감

사전적 의미	위엄이나 위력 따위로 압박당하거나 정신적으로 억눌리는 느낌.
예 문	1. 강경한 어조를 띤 그의 말은 상대편에게 위압감을 준다. 2. 좌중을 압도하는 그의 모습에서 위압감을 느꼈다.
상 황 (구체적으로)	1. 2. 3.
동 작	1. 2. 3.
호 흡	

192. 위축감

사전적 의미	어떤 힘에 눌려 졸아들고 기를 펴지 못하는 느낌.
예 문	1. 나는 그를 만나기만 하면 알 수 없는 위축감을 느껴 말도 제대로 하지 못했다. 2. 우리는 그의 강압적인 태도에 위축되었다.
상 황 (구체적으로)	1. 2. 3.
동 작	1. 2. 3.
호 흡	

193. 위협감

사전적 의미	위협하는 느낌.
예 문	1. 육중한 그 녀석의 몸집이 나를 향해 오는 것을 보고 나는 강한 위협감을 느꼈다. 2. 인질이 범인에게 목이 졸린 채 위협을 받고 있다.
상 황 (구체적으로)	1. 2. 3.
동 작	1. 2. 3.
호 흡	

194. 유쾌

사전적 의미	즐겁고 상쾌한 느낌.
예 문	1. 술에 알맞게 취했으나 기분은 유쾌하지 않았다. 2. 박 사장은 유쾌한 심기가 일전하여 불쾌함을 느꼈다.
상 황 (구체적으로)	1. 2. 3.
동 작	1. 2. 3.
호 흡	

195. 의구심

사전적 의미	믿지 못하고 두려워하는 마음.
예문	1. 그는 무조건 자기를 믿으라고 말했지만 우리는 의구심을 떨쳐 버릴 수 없었다. 2. 정확한 근거를 밝히지 않은 여론 조사에 대해 시민들은 강한 의구심이 들었다.
상황 (구체적으로)	1. 2. 3.
동작	1. 2. 3.
호흡	

196. 의무감

사전적 의미	마땅히 해야 할 일을 느끼는 마음.
예문	1. 그는 하고 싶다기보다 해야만 한다는 의무감에서 일을 계속 맡았다. 2. 그녀는 사명감과 의무감을 가지고 무의촌에서 병원을 개업하였다.
상황 (구체적으로)	1. 2. 3.
동작	1. 2. 3.
호흡	

197. 의심

사전적 의미	확실히 알 수 없어서 믿지 못하는 마음.
예 문	1. 그는 의심이 많아 이웃 사람도 잘 믿지 못한다. 2. 뭐 하던 사람인지 전직이 의심스럽다.
상 황 (구체적으로)	1. 2. 3.
동 작	1. 2. 3.
호 흡	

198. 의협심

사전적 의미	남의 어려움을 돕거나 억울함을 풀어 주기 위하여 자신을 희생하려는 의로운 마음.
예 문	1. 그 여자는 의협심을 보인 한 승객 덕분에 소매치기를 당한 지갑을 찾았다. 2. 그는 의협심이 강하고 뚝심도 있어 많은 동기생으로부터 신임을 많이 받는다.
상 황 (구체적으로)	1. 2. 3.
동 작	1. 2. 3.
호 흡	

199. 이기심

사전적 의미	자기 자신의 이익만을 꾀하는 마음.
예 문	1. 자신의 이기심 때문에 평생 친구를 잃어버렸다는 자책감에 그는 화가 났다. 2. 너는 항상 너의 이기심으로 스스로를 동여매고 있다.
상 황 (구체적으로)	1. 2. 3.
동 작	1. 2. 3.
호 흡	

200. 이질감

사전적 의미	성질이 서로 달라 낯설거나 잘 맞지 않는 느낌.
예 문	1. 그녀의 화려한 몸차림에서 왠지 이질감이 느껴진다. 2. 전쟁을 살다가 막상 귀국한 나는 소외된 이질감을 느꼈다.
상 황 (구체적으로)	1. 2. 3.
동 작	1. 2. 3.
호 흡	

201. 이타심

사전적 의미	자기의 이익보다는 다른 사람의 이익을 더 꾀하는 마음.
예 문	1. 나눔으로 함께하는 세상이야말로 이타심의 표현이라 볼 수 있습니다. 2. 이타심이 뇌에 쾌감을 준다는 사실은 이성뿐 아니라 감정도 영향을 준다.
상 황 (구체적으로)	1. 2. 3.
동 작	1. 2. 3.
호 흡	

202. 인내심

사전적 의미	괴로움이나 어려움을 참고 견디는 마음.
예 문	1. 선생님은 인내심을 가지고 우는 아이를 달랬다. 2. 집으로 돌아가고 싶은 심정뿐이었지만 인내심 깊게 기다려 보는 것이었다.
상 황 (구체적으로)	1. 2. 3.
동 작	1. 2. 3.
호 흡	

203. 자괴감

사전적 의미	스스로 부끄러워하는 마음.
예문	1. 나는 그분께서 나를 그렇게 높게 평가한 데 대해서 자괴감이 들었다. 2. 올해도 취직을 못한 나는 밥벌레라는 자괴감에 시달리고 있다.
상황 (구체적으로)	1. 2. 3.
동작	1. 2. 3.
호흡	

204. 자립심

사전적 의미	남에게 예속되거나 의지하지 않고 자기 스스로 서려는 마음가짐.
예문	1. 그는 자립심이 없어서 부모에게 의지하려고만 한다. 2. 예준이는 개성이 뚜렷하고 자립심이 강하다.
상황 (구체적으로)	1. 2. 3.
동작	1. 2. 3.
호흡	

205. 자만심

사전적 의미	자신이나 자신과 관련 있는 것을 스스로 자랑하며 뽐내는 마음.
예 문	1. 그는 누구보다도 우세하다는 자만심에 차 있었다. 2. 그는 이전의 성공에 도취돼 자만심에 빠졌다.
상 황 **(구체적으로)**	1. 2. 3.
동 작	1. 2. 3.
호 흡	

ㅈ

206. 자부심

사전적 의미	자기 자신 또는 자기와 관련되어 있는 것에 대하여 스스로 그 가치나 능력을 믿고 당당히 여기는 마음.
예 문	1. 그의 당당한 태도에는 자신의 직업에 대한 자부심이 깃들어 있었다. 2. 그는 자신의 준수한 용모와 강건한 신체에 은근한 자부심을 갖고 있었다.
상 황 **(구체적으로)**	1. 2. 3.
동 작	1. 2. 3.
호 흡	

207. 자신감

사전적 의미	어떤 일을 스스로의 능력으로 충분히 감당할 수 있다고 믿는 마음.
예 문	1. 김 감독은 이번 경기에서 반드시 이길 것이라며 자신감을 나타냈다. 2. 어머님의 격려는 나의 자신감을 더해 주었다.
상 황 (구체적으로)	1. 2. 3.
동 작	1. 2. 3.
호 흡	

208. 자조감

사전적 의미	스스로 자기를 비웃는 마음.
예 문	1. 그는 술을 한잔 걸치더니 자조감 섞인 푸념을 늘어놓기 시작했다. 2. 결과적으로 공직자만 불신받게 될 것이란 자조감도 관가에 퍼지고 있다.
상 황 (구체적으로)	1. 2. 3.
동 작	1. 2. 3.
호 흡	

209. 자존감

사전적 의미	스스로 품위를 지키고 자기를 존중하는 마음.
예 문	1. 사랑받지 못하고 자란 청소년들은 상대적으로 낮은 자존감을 갖게 됩니다. 2. 음악 교육을 통해 아이들에게 자존감을 심어 주는 것을 목표로 하고 있습니다.
상 황 (구체적으로)	1. 2. 3.
동 작	1. 2. 3.
호 흡	

210. 자책감

사전적 의미	자신의 결함이나 잘못에 대하여 깊이 뉘우치고 자신을 책망하는 마음.
예 문	1. 자신이 무능한 남편이라는 자책감이 끊임없이 그를 괴롭히고 있다. 2. 나는 그때 좀 더 참을 걸 하는 자책감이 들었다.
상 황 (구체적으로)	1. 2. 3.
동 작	1. 2. 3.
호 흡	

211. 재미

사전적 의미	아기자기하게 즐거운 기분이나 느낌.
예 문	1. 학문의 기초가 쌓임에 따라 그는 공부하는 데 점점 재미를 느꼈다. 2. 시청자는 깨알 재미를 느꼈고, 드라마는 화제의 중심에 섰다.
상 황 (구체적으로)	1. 2. 3.
동 작	1. 2. 3.
호 흡	

212. 저항심

사전적 의미	어떤 힘이나 조건에 굽히지 아니하고 거역하거나 버티려는 마음.
예 문	1. 정치적 탄압이 심할수록 국민들의 저항심은 더 커지게 된다. 2. 나는 권위를 내세우는 사람을 보면 저항감이 생긴다.
상 황 (구체적으로)	1. 2. 3.
동 작	1. 2. 3.
호 흡	

213. 적개심

사전적 의미	적과 싸우고자 하는 마음, 또는 적에 대하여 느끼는 분노와 증오.
예 문	1. 그는 독재자에 대한 적개심으로 끓어오르는 분노를 참을 수가 없었다. 2. 경찰들의 발포는 시위 군중의 적개심을 격발하였다.
상 황 (구체적으로)	1. 2. 3.
동 작	1. 2. 3.
호 흡	

214. 적대감

사전적 의미	적으로 여기는 감정.
예 문	1. 마을 주민들은 낯선 방문객에게 적대감을 드러내었다. 2. 우리 집 개는 낯선 이에게는 적대감을 보인다.
상 황 (구체적으로)	1. 2. 3.
동 작	1. 2. 3.
호 흡	

215. 절망감

사전적 의미	바라볼 것이 없게 되어 모든 희망을 끊어 버리게 된 느낌.
예 문	1. 순간 준태는 그녀와 자기 사이에 벽이 가로놓인 듯한 절망감을 맛보았다. 2. 그는 사업에 실패하고 한동안 절망감에 빠져 지냈다.
상 황 (구체적으로)	1. 2. 3.
동 작	1. 2. 3.
호 흡	

216. 절박감

사전적 의미	어떤 일이나 시기가 가까이 닥쳐, 여유가 없이 다급한 느낌.
예 문	1. 만화 작가가 원고를 마무리해야 한다는 절박감을 느끼고 있다. 2. 그는 미행이 있다는 걸 안 뒤부터 한시바삐 떠나야 한다는 절박감에 사로잡혔다.
상 황 (구체적으로)	1. 2. 3.
동 작	1. 2. 3.
호 흡	

217. 절실함

사전적 의미	느낌이나 생각이 뼈저리게 강렬한 상태에 있다.
예 문	1. 그는 배우가 되고 싶다는 열망이 절실했다. 2. 나를 무한한 포옹으로 이해해 주는 친구의 존재가 한층 절실한 터이었다.
상 황 (구체적으로)	1. 2. 3.
동 작	1. 2. 3.
호 흡	

218. 조바심

사전적 의미	조마조마하여 마음을 졸임, 또는 그렇게 졸이는 마음.
예 문	1. 그녀는 약속 시간에 늦을까 봐 조바심을 냈다. 2. 나는 꾸물대는 친구 때문에 비행기를 놓칠까 봐 조바심을 쳤다.
상 황 (구체적으로)	1. 2. 3.
동 작	1. 2. 3.
호 흡	

219. 존경심

사전적 의미	남의 인격, 사상, 행위 따위를 받들어 공경하는 마음.
예 문	1. 그는 평소에도 해월 선생님에 대한 존경심을 갖고 있었다. 2. 그의 얼굴에서 풍기는 지격은 절로 존경심을 자아내게 했다.
상 황 (구체적으로)	1. 2. 3.
동 작	1. 2. 3.
호 흡	

220. 존중심

사전적 의미	어떤 대상을 높고 귀하게 여기는 마음.
예 문	1. 스승에 대한 존중심이 날이 갈수록 더해 갔다. 2. 자기 문화도 소중히 여기지만 다른 문화에 대해서도 존중심을 가지고 대했다.
상 황 (구체적으로)	1. 2. 3.
동 작	1. 2. 3.
호 흡	

221. 좋음

사전적 의미	마음에 드는 상태에 있다.
예 문	1. 나는 지금 기분이 최고로 좋다. 2. 아지랑이가 보이기 시작하는 봄이면 나는 괜히 기분이 좋다.
상 황 (구체적으로)	1. 2. 3.
동 작	1. 2. 3.
호 흡	

ㅈ

222. 좌절감

사전적 의미	계획이나 의지 따위가 꺾여 자신감을 잃은 느낌이나 기분.
예 문	1. 경혁은 대학 입시에서 떨어진 이후 심한 좌절감에 빠졌다. 2. 부상으로 운동을 못하게 되었을 때 수혜의 좌절감은 이루 말할 수 없었다.
상 황 (구체적으로)	1. 2. 3.
동 작	1. 2. 3.
호 흡	

223. 죄책감

사전적 의미	저지른 잘못에 대하여 책임을 느끼는 마음.
예 문	1. 죄 없는 사람을 치어 죽였다는 죄책감이 그의 마음을 괴롭혔다. 2. 상사의 비리를 못 본 체한 이후로 김 대리는 한동안 죄책감에 시달렸다.
상 황 (구체적으로)	1. 2. 3.
동 작	1. 2. 3.
호 흡	

224. 중압감

사전적 의미	어떤 일에 대한 강요나 책임감이 지나쳐 마음이 매우 답답한 느낌.
예 문	1. 나는 고등학교 시절 내내 시험에 대한 중압감에서 벗어날 수 없었다. 2. 그는 어려운 시기에 장관이라는 중책을 맡게 되어 중압감을 느낀다고 말했다.
상 황 (구체적으로)	1. 2. 3.
동 작	1. 2. 3.
호 흡	

225. 즐거움

사전적 의미	즐거운 느낌이나 마음.
예 문	1. 요즘은 사람들을 만나는 즐거움에 산다. 2. 할머니께선 만학의 즐거움에 시간 가는 줄 모르신다.
상 황 (구체적으로)	1. 2. 3.
동 작	1. 2. 3.
호 흡	

ㅈ

226. 증오

사전적 의미	아주 사무치게 미워함, 또는 그런 마음.
예 문	1. 싸움이 있은 후 그는 나의 증오의 대상이 되었다. 2. 딴전을 피우는 동생이 증오스럽기도 했다.
상 황 (구체적으로)	1. 2. 3.
동 작	1. 2. 3.
호 흡	

227. 진지함

사전적 의미	마음 쓰는 태도나 행동 따위가 참되고 착실하다.
예문	1. 그 학생의 소개 글을 읽어 보면 성실함과 진지함이 느껴진다. 2. 학생들은 수업 시간에 존엄사 문제에 대하여 진지한 마음으로 임하였다.
상황 (구체적으로)	1. 2. 3.
동작	1. 2. 3.
호흡	

228. 질식감

사전적 의미	숨이 막히는 듯한 느낌.
예문	1. 가죽조끼처럼 조여들고 질식감을 느껴 보기는 이번이 첨이다. 2. 목을 조이는 듯한 불안감과 질식감에 숨을 쉴 수가 없었다.
상황 (구체적으로)	1. 2. 3.
동작	1. 2. 3.
호흡	

229. 질투심

사전적 의미	질투하는 마음.
예 문	1. 부모의 사랑을 독차지한 동생을 보며 형은 질투심을 억제할 수가 없었다. 2. 다른 여자를 만나는 것을 본 그녀는 강한 질투심에 사로잡혔다.
상 황 (구체적으로)	1. 2. 3.
동 작	1. 2. 3.
호 흡	

230. 집착심

사전적 의미	어떤 일이나 사물에 마음을 떨쳐 버리지 못하고 매달리는 마음.
예 문	1. 그는 권력에 대한 집착을 떨쳐 버릴 수가 없었다. 2. 그는 유난히 아이에 대한 집착이 강하였다.
상 황 (구체적으로)	1. 2. 3.
동 작	1. 2. 3.
호 흡	

231. 짜릿함

사전적 의미	심리적 자극을 받아 마음이 순간적으로 조금 흥분되고 떨리는 듯한 느낌.
예 문	1. 구름다리를 오르다 보면 고도감 때문에 짜릿함을 느끼게 될 것이다. 2. 합격 통보를 받던 순간의 짜릿한 기분은 잊을 수가 없다.
상 황 (구체적으로)	1. 2. 3.
동 작	1. 2. 3.
호 흡	

232. 짜증

사전적 의미	마음에 들지 않아 북받치는 역정이나 싫증을 내는 짓, 또는 그러한 성미.
예 문	1. 피곤한 탓인지 별일도 아닌 일에 자꾸 짜증이 나. 2. 아침마다 만원 전철을 타고 출근하기가 짜증스러웠다.
상 황 (구체적으로)	1. 2. 3.
동 작	1. 2. 3.
호 흡	

233. 찜찜함

사전적 의미	마음에 꺼림칙한 느낌이 있다.
예 문	1. 일을 하다 말았더니 기분이 왠지 찜찜하다. 2. 알면서 모르는 척 새침을 떼고 있자니 마음이 영 찜찜하다.
상 황 (구체적으로)	1. 2. 3.
동 작	1. 2. 3.
호 흡	

ㅈ

234. 찝찝함

사전적 의미	개운하지 않고 무엇인가 마음에 걸리는 데가 있다.
예 문	1. 그와의 약속을 막상 미루고 나니 마음이 찝찝하긴 하다. 2. 나는 해야 할 일을 다 끝내지 못해 찝찝한 마음으로 집에 돌아왔다.
상 황 (구체적으로)	1. 2. 3.
동 작	1. 2. 3.
호 흡	

235. 착잡함

사전적 의미	갈피를 잡을 수 없이 뒤섞여 마음이 어수선하다.
예 문	1. 맏아들을 군대에 보내는 어머니의 마음은 착잡했다. 2. 퇴직하고 집에서 놀고 있으려니 마음이 착잡합니다.
상 황 (구체적으로)	1. 2. 3.
동 작	1. 2. 3.
호 흡	

236. 참담

사전적 의미	끔찍하고 절망적이다.
예 문	1. 고향에서 들려오는 소식에 마음이 참담하였다. 2. 지금의 이 참담한 심경을 한마디로 형용하기는 어렵다.
상 황 (구체적으로)	1. 2. 3.
동 작	1. 2. 3.
호 흡	

237. 창피함

사전적 의미	체면이 깎이는 일이나 아니꼬운 일을 당하여 부끄럽다.
예 문	1. 나는 그 사람에게 눈물을 보인 것이 무척 창피했다. 2. 참고 있던 방귀가 잇따라 뽕뽕거리는 통에 창피해서 혼났다.
상 황 (구체적으로)	1. 2. 3.
동 작	1. 2. 3.
호 흡	

238. 책무감

사전적 의미	마땅히 해야 할 책임이나 의무를 느끼는 마음.
예 문	1. 대통령으로서 막중한 책무감을 느꼈다. 2. 선거에 승리했지만 무거운 책무감을 느끼며 제 역할을 다하겠다 다짐했다.
상 황 (구체적으로)	1. 2. 3.
동 작	1. 2. 3.
호 흡	

ㅊ

239. 책임감

사전적 의미	맡아서 해야 할 임무나 의무를 중히 여기는 마음.
예 문	1. 그는 벌써부터 장남으로서의 책임감을 느끼고 있었다. 2. 그는 이 사태를 하루빨리 수습해야 한다는 책임감으로 마음이 무거웠다.
상 황 (구체적으로)	1. 2. 3.
동 작	1. 2. 3.
호 흡	

240. 처량함

사전적 의미	마음이 구슬퍼질 정도로 외롭거나 쓸쓸하다.
예 문	1. 그 글에서 작가의 처량한 심정이 느껴졌다. 2. 휴일에도 일해야 하는 내 신세가 오늘따라 더욱 처량하게 느껴졌다.
상 황 (구체적으로)	1. 2. 3.
동 작	1. 2. 3.
호 흡	

241. 처연함

사전적 의미	애달프고 구슬프다.
예 문	1. 빗방울이 추적추적하는 것을 보고 있자니 마음이 처연해졌다. 2. 사람의 마음을 처연하게 만드는 꽃이었다. 울분에 지쳐서 죽은 넋의 꽃이었다.
상 황 (구체적으로)	1. 2. 3.
동 작	1. 2. 3.
호 흡	

242. 청량감

사전적 의미	맑고 시원한 느낌.
예 문	1. 숲속에 들어오니 공기가 맑아서인지 청량감이 느껴진다. 2. 탄산음료는 마실 때 청량감을 준다.
상 황 (구체적으로)	1. 2. 3.
동 작	1. 2. 3.
호 흡	

243. 초조함

사전적 의미	애가 타서 마음이 조마조마함.
예문	1. 나는 초조하고 불안한 나머지 등과 가슴으로 비 오듯이 땀을 흘렸다. 2. 사람들은 주인에게 판돈을 대고, 경기 결과를 초조하게 지켜보았다.
상 황 (구체적으로)	1. 2. 3.
동 작	1. 2. 3.
호 흡	

244. 추앙심

사전적 의미	높이 받들어 우러러보는 마음.
예문	1. 우리는 나라를 구한 이순신 장군을 영웅으로 추앙한다. 2. 그는 성덕하여 많은 사람의 추앙을 받았다.
상 황 (구체적으로)	1. 2. 3.
동 작	1. 2. 3.
호 흡	

245. 충성심

사전적 의미	임금이나 국가에 대하여 진정으로 우러나오는 정성스러운 마음.
예 문	1. 경호는 조국에 대한 충성심이 유난한 사람이다. 2. 신하는 왕에 대한 절대적인 충성심을 보였다.
상 황 (구체적으로)	1. 2. 3.
동 작	1. 2. 3.
호 흡	

246. 측은함

사전적 의미	가엾고 불쌍하다.
예 문	1. 사고로 부모를 잃은 아이가 측은해서 못 견디겠어. 2. 터덜터덜 걸어가는 그의 뒷모습이 몹시 측은하게 느껴졌다.
상 황 (구체적으로)	1. 2. 3.
동 작	1. 2. 3.
호 흡	

247. 친밀감

사전적 의미	지내는 사이가 매우 친하고 가까운 느낌.
예 문	1. 그녀가 상냥한 목소리로 내 이름을 부르니 더 친밀감이 들었다. 2. 영옥이는 회사에서 가족적인 친밀감을 느끼게 되어 출근하는 발걸음이 가벼웠다.
상 황 (구체적으로)	1. 2. 3.
동 작	1. 2. 3.
호 흡	

248. 친숙함

사전적 의미	친하여 익숙하고 허물이 없는 느낌.
예 문	1. 어느새 내가 이 직장에 친숙감을 느끼고 있더라고. 2. 그 만화 캐릭터는 아주 친숙하게 느껴진다.
상 황 (구체적으로)	1. 2. 3.
동 작	1. 2. 3.
호 흡	

249. 침울감

사전적 의미	걱정이나 근심에 잠겨서 마음이 우울한 느낌.
예 문	1. 아버지가 쓰러진 뒤 우리 집은 세상이 무너진 듯한 침울함에 빠져들었다. 2. 동수는 시험에 떨어지고 난 뒤 한동안 침울하게 지냈다.
상 황 (구체적으로)	1. 2. 3.
동 작	1. 2. 3.
호 흡	

250. 쾌감

사전적 의미	상쾌하고 즐거운 느낌.
예문	1. 볼링장에서 스트라이크가 나왔을 때의 기분은 쾌감 그 자체이다. 2. 등산은 올라갈 때는 힘들어도 산 정상에 도달하면 쾌감을 맛볼 수 있다.
상황 (구체적으로)	1. 2. 3.
동작	1. 2. 3.
호흡	

ㅋ

251. 탄복

사전적 의미	매우 감탄하여 마음으로 따름.
예 문	1. 나는 그의 풍부한 감수성에 매번 탄복을 한다. 2. 사람들은 모두 그 궁전의 아름다움을 탄복하였다.
상 황 (구체적으로)	1. 2. 3.
동 작	1. 2. 3.
호 흡	

252. 탐탁함

사전적 의미	모양이나 태도, 또는 어떤 일 따위가 마음에 들어 만족하다.
예 문	1. 나는 그의 일솜씨가 그리 탐탁하지 않았다. 2. 어머니는 몸이 약한 며느릿감을 그리 탐탁하게 여기지 않으셨다.
상 황 (구체적으로)	1. 2. 3.
동 작	1. 2. 3.
호 흡	

253. 파괴심

사전적 의미	때려 부수거나 깨뜨려 헐어 버리려고 하는 마음.
예 문	1. 기독교 신학자들도 인간의 악마적 질투심과 파괴심을 강조한다. 2. 타인의 삶을 방해하거나 파괴하려는 심리는 집착과도 관련이 있다.
상 황 (구체적으로)	1. 2. 3.
동 작	1. 2. 3.
호 흡	

254. 평온감

사전적 의미	조용하고 평안한 느낌.
예 문	1. 그의 표정에는 모든 것을 달관한 듯 평온함이 깃들어 있었다. 2. 오랜 병환 끝에 영면에 임하시는 어머니의 모습에서 평온함을 느꼈다.
상 황 (구체적으로)	1. 2. 3.
동 작	1. 2. 3.
호 흡	

255. 포만감

사전적 의미	넘치도록 가득 차 있는 느낌.
예 문	1. 음식을 배부르게 먹고 포만감을 느끼다. 2. 자신이 마침내 해내었다는 포만감 같은 기쁨을 느낄 수 있었다.
상 황 (구체적으로)	1. 2. 3.
동 작	1. 2. 3.
호 흡	

256. 피로감

사전적 의미	정신이나 몸이 지쳐 힘든 느낌.
예 문	1. 그는 피로감과 권태감이 잦아들어 마치 심연에 푹 빠지는 듯했다. 2. 관태기에는 피로감이나 회의감을 느끼며 새로운 관계를 맺는 부담감도 느낀다.
상 황 (구체적으로)	1. 2. 3.
동 작	1. 2. 3.
호 흡	

257. 한심

사전적 의미	정도에 알맞지 않아 마음이 가엾고 딱하거나 기막히다.
예 문	1. 자기 주제도 모르면서 큰소리를 치다니. 한심하다, 한심해. 2. 이 우스운 꼴을 너에게 보인 내가 너무 한심하다.
상 황 (구체적으로)	1. 2. 3.
동 작	1. 2. 3.
호 흡	

258. 행복감

사전적 의미	생활에서 충분한 만족과 기쁨을 느끼는 마음, 또는 그런 느낌.
예 문	1. 아기를 품에 안은 미영은 건강하게 태어난 아기를 보며 행복감에 젖어 들었다. 2. 힘든 일을 마치고 맥주 한잔을 마실 때 더할 나위 없는 행복감을 맛본다고 했다.
상 황 (구체적으로)	1. 2. 3.
동 작	1. 2. 3.
호 흡	

259. 허망감

사전적 의미	어이없고 허무한 느낌.
예 문	1. 믿었던 친구에게 사기를 당하고 보니 그 허망감은 이루 말할 수 없었어요. 2. 악착같이 살아온 육십 평생에 대한 허망감을 주체하지 못했다.
상 황 (구체적으로)	1. 2. 3.
동 작	1. 2. 3.
호 흡	

260. 허무함

사전적 의미	무가치하고 무의미하게 느껴져 매우 허전하고 쓸쓸함.
예 문	1. 동생의 장례식을 치른 그는 삶에 대한 허무를 느꼈다. 2. 이미 짐을 다 쌌는데 여행이 취소되다니 허무해.
상 황 (구체적으로)	1. 2. 3.
동 작	1. 2. 3.
호 흡	

261. 허영심

사전적 의미	자신의 분수에 어울리지 않는 필요 이상의 겉치레나 외관상의 화려함에 들뜬 마음.
예 문	1. 성훈은 잘사는 친구들과 지내면서 허영심만 늘었다. 2. 시누이에게 과시하고 싶은 허영심에 생활비를 모두 털어 집들이 준비를 했다.
상 황 (구체적으로)	1. 2. 3.
동 작	1. 2. 3.
호 흡	

262. 허전함

사전적 의미	무엇을 잃거나 의지할 곳이 없어진 것같이 서운한 느낌이 있다.
예 문	1. 이런 생각에 잠길 때마다, 가슴속이 텅 빈 것 같은 허전함을 깨닫곤 했다. 2. 그녀에 대한 그리움은 한과 서러움이 되어 까닭 모를 허전함을 느끼게 한다.
상 황 (구체적으로)	1. 2. 3.
동 작	1. 2. 3.
호 흡	

263. 허탈감

사전적 의미	몸에 기운이 빠지고 무엇을 잃어버린 듯이 정신이 멍해진 느낌.
예문	1. 그녀는 이 세상에서 가장 소중한 것을 잃었다는 허탈감을 느꼈다. 2. 그는 자신이 응원한 팀이 역전패를 당하자 허탈감에 빠져 자리를 떠나지 못했다.
상황 (구체적으로)	1. 2. 3.
동작	1. 2. 3.
호흡	

264. 혐오감

사전적 의미	병적으로 싫어하고 미워하는 감정.
예문	1. 그녀는 혐오감이 들 정도로 화장을 짙게 하고 나타났다. 2. 그녀는 부끄러움을 모르는 그의 거칠고 주접스러운 행동에 혐오감을 느꼈다.
상황 (구체적으로)	1. 2. 3.
동작	1. 2. 3.
호흡	

ㅎ

265. 호감

사전적 의미	좋게 여기는 감정.
예 문	1. 수현은 인상이 선해 남에게 호감을 준다. 2. 그 아주머니는 늘 여유가 있고 활달하기 때문에 호감이 가는 형이다.
상 황 (구체적으로)	1. 2. 3.
동 작	1. 2. 3.
호 흡	

266. 호기심

사전적 의미	새롭고 신기한 것을 좋아하거나 모르는 것을 알고 싶어 하는 마음.
예 문	1. 그의 특이한 말투가 나의 호기심을 자극했다. 2. 나는 그 얘기를 듣고 호기심이 당겼다.
상 황 (구체적으로)	1. 2. 3.
동 작	1. 2. 3.
호 흡	

267. 혼란감

사전적 의미	마음이나 정신 따위가 어둡고 어지럽다.
예 문	1. 가상현실 속 수용자는 현실 감각에 순간적인 혼란감과 미묘한 느낌을 갖게 된다. 2. 양쪽의 팽팽한 주장이 마무리되자 개운함보다 혼란감이 더 커진 느낌이었다.
상 황 (구체적으로)	1. 2. 3.
동 작	1. 2. 3.
호 흡	

268. 확신감

사전적 의미	자신의 능력에 대하여 확신을 가질 수 있다는 느낌.
예 문	1. 그림을 그리는 데에 확신감이 들기까지는 상당한 숙련이 필요했다. 2. 아무리 황폐한 땅일지라도 반드시 수확을 거둘 수 있으리란 확신감에 불탔다.
상 황 (구체적으로)	1. 2. 3.
동 작	1. 2. 3.
호 흡	

269. 환희

사전적 의미	매우 기뻐함. 또는 큰 기쁨.
예문	1. 그는 사랑이라는 환희로운 경이감에 사로잡혀 있다. 2. 그가 돌아온다는 소식을 듣고 그녀는 내심 환희하였다.
상황 (구체적으로)	1. 2. 3.
동작	1. 2. 3.
호흡	

270. 황당

사전적 의미	전혀 생각하지 못한 것이거나 현실성이 없어 어찌할 도리가 없을 정도로 어이없고 터무니없다.
예문	1. 소문이 너무 황당하여 어이없다. 2. 노인이 들려주는 옛날이야기는 허황되고 황당한 것이었다.
상황 (구체적으로)	1. 2. 3.
동작	1. 2. 3.
호흡	

271. 황량감

사전적 의미	황폐하여 쓸쓸한 느낌.
예 문	1. 그는 사막에 혼자 버려진 듯한 황량감을 느꼈다. 2. 바닷가에 지어진 최신식 별장 건물은 왠지 모를 황량감을 더한다.
상 황 **(구체적으로)**	1. 2. 3.
동 작	1. 2. 3.
호 흡	

272. 황홀감

사전적 의미	아름다운 사물에 매혹되어 마음이 가라앉지 않고 계속 들떠서 움직이는 느낌.
예 문	1. 그녀는 패러글라이딩을 하며 하늘을 날 때 황홀감에 빠지곤 한다고 말한다. 2. 그녀는 훌륭한 예술 작품을 감상할 때마다 황홀감에 빠졌다.
상 황 **(구체적으로)**	1. 2. 3.
동 작	1. 2. 3.
호 흡	

273. 회의감

사전적 의미	마음속에 의심이 드는 느낌.
예 문	1. 그는 자기 능력에 대한 회의감에 젖어 결국 포기하고 말았다. 2. 민호는 그동안 자신이 골몰스레 추구해 온 가치에 대한 회의감이 들기 시작했다.
상 황 (구체적으로)	1. 2. 3.
동 작	1. 2. 3.
호 흡	

274. 흐뭇함

사전적 의미	마음에 흡족하여 매우 만족스럽다.
예 문	1. 현보는 그지없이 마음이 흐뭇하였다. 2. 그는 겨우내 쓸 장작더미를 흐뭇한 마음으로 바라보았다.
상 황 (구체적으로)	1. 2. 3.
동 작	1. 2. 3.
호 흡	

275. 흡족감

사전적 의미	조금도 모자람이 없을 정도로 넉넉하여 만족스러운 느낌.
예 문	1. ○ 후보는 경선은 매우 성공적이라고 흡족감을 표시했다. 2. 마침내 그 기다림이 헛되지 않다는 흡족감을 주는 속편도 없을 것이다.
상 황 (구체적으로)	1. 2. 3.
동 작	1. 2. 3.
호 흡	

276. 흥미

사전적 의미	어떤 대상에 마음이 끌린다는 감정을 수반하는 관심.
예 문	1. 영화는 후반부에 접어들면서 점점 흥미를 더해 가기 시작했다. 2. 그는 갑자기 요리에 흥미를 느끼더니 요리 학원을 다니기 시작했다.
상 황 (구체적으로)	1. 2. 3.
동 작	1. 2. 3.
호 흡	

277. 흥분감

사전적 의미	자극을 받아서 마음이 들뜨거나 신경이 날카로워진 느낌.
예 문	1. 그녀는 복권에 당첨되자 흥분감으로 온몸이 떨렸다. 2. 분위기가 절정에 치닫자 급기야 의자에서 박차고 일어나 흥분감에 도취됐다.
상 황 (구체적으로)	1. 2. 3.
동 작	1. 2. 3.
호 흡	

278. 흥취감

사전적 의미	흥과 취미를 아우르는 느낌. 깊이 있는 감동과 감탄을 동반하는 긍정적 감정.
예 문	1. 적당한 술은 사람의 흥취감을 돕는다. 2. 어느 정도 분위기가 무르익자 춤을 추고 노래를 부르며 흥취감에 빠져들었다.
상 황 (구체적으로)	1. 2. 3.
동 작	1. 2. 3.
호 흡	

279. 희망감

사전적 의미	앞일에 대하여 어떤 기대를 가지고 바라는 마음.
예문	1. 현우는 선생님의 칭찬을 듣자 마음 한구석에 희망감이 솟아올랐다. 2. 미래에 대한 기대감과 희망감으로 설렜다.
상황 (구체적으로)	1. 2. 3.
동작	1. 2. 3.
호흡	

280. 희열

사전적 의미	욕구가 충족되었을 때 느끼는 지극한 기쁨.
예문	1. 송 영감은 돈다발을 움켜쥐고는 희열에 들뜬 신음을 내질렀다. 2. 마라톤을 완주한 후 나는 내 힘으로 무언가를 이루었다는 희열을 맛보았다.
상황 (구체적으로)	1. 2. 3.
동작	1. 2. 3.
호흡	

ㅎ

감정 연기론

ⓒ 김민기, 2026

초판 1쇄 발행 2026년 2월 11일

지은이   김민기
펴낸이   이기봉
편집   좋은땅 편집팀
펴낸곳   도서출판 좋은땅
주소   서울특별시 마포구 양화로12길 26 지월드빌딩 (서교동 395-7)
전화   02)374-8616~7
팩스   02)374-8614
이메일   gworldbook@naver.com
홈페이지   www.g-world.co.kr

ISBN   979-11-388-5379-8 (03680)